Giorgos Kallis

Grenzen

Warum Malthus falschlag und warum uns das alle angeht

Aus dem Englischen
von Max Henninger

Matthes & Seitz Berlin

Inhalt

Einleitung: Wozu Grenzen?

»Kenne keine Grenzen.« »Es gibt nur selbst auferlegte Grenzen.« »Du bist deine einzige Grenze.« »Wer hart arbeitet, kann alles erreichen.« »Die einzigen Grenzen, die existieren, sind die in deinem Kopf.« »Erzähl mir nicht, der Himmel sei die Grenze, wo es doch Fußabdrücke auf dem Mond gibt.«

Das sind einige der Maximen, auf die man bei einer Internetrecherche zum Wort »Grenzen« stößt. Die westliche Kultur ist vernarrt in den Traum von der Grenzüberwindung. Gleichzeitig werden wir von der ultimativen Grenze überwältigt: unserem eigenen Tod, der als Tod der westlichen Zivilisation großgeschrieben wird. Kaliforniens »gnadenlose Dürre«, so die *New York Times*, hat den Staat gezwungen, zu überdenken, ob sein Wachstumsmotor »an die Grenzen der Natur gestoßen ist«.[1] »Die Zivilisation steht auf dem Spiel, wenn wir jetzt nicht handeln« und die globale Erderwärmung auf 1,5 Grad Celsius begrenzen, warnen die Vereinten Nationen.[2]

Wie sind wir dahin gekommen, so über Grenzen zu denken, wie wir es tun? Welche Rolle hat die Idee der Grenzen in der Entwicklung des modernen Denkens gespielt, von der Wirtschaft bis zum Umweltschutz? Brauchen Gesellschaften Grenzen? Und wenn ja, welche Art von Grenzen? Dies sind einige der Fragen, die in diesem Buch behandelt werden.

Auf den folgenden Seiten möchte ich eine Wiederaneignung, Verfeinerung und Verteidigung des Grenzbegriffs vornehmen. Ich möchte Grenzen von dem absetzen, was wir im Fachjargon als Malthusianismus bezeichnen: eine Reihe von Ideen, die auf das Jahr 1798 und einen Aufsatz des zum Ökonomen gewordenen Klerikers Thomas Robert Malthus zurückgehen, und die unser Nachdenken über Grenzen geprägt haben. Mit diesem Buch hoffe ich diejenigen, die sich auf Grenzen berufen, zu einer Reflexion darüber zu bewegen, wie man dies am besten tut; ich hoffe auch, diejenigen, die Grenzen kritisch gegenüberstehen, dazu zu bewegen, zweimal nachzudenken, bevor sie diejenigen von uns, die Grenzen fordern, als Malthusianer brandmarken.

Ich möchte mit einem Bild aus dem Film *Die Legende vom Ozeanpianisten* von Giuseppe Tornatore beginnen.[3] Der Protagonist des Films, 1900, ist nach seinem Geburtsjahr benannt; der Neugeborene ist am Neujahrstag von dem Maschinenraummechaniker eines Ozeandampfers in einer Kiste gefunden worden. Der von Tim Roth gespielte 1900 verlässt nie das Schiff und entwickelt dort eine Begabung für das Klavierspiel. Berühmte Jazzpianisten kommen an Bord, um gegen ihn anzutreten, und er besiegt sie alle. Als ein Musikproduzent ihn bittet, ein Album aufzunehmen, beschließt 1900, der sich in eine Passagierin verliebt hat, das Schiff zu verlassen. In einer denkwürdigen Szene ist er die Leiter bereits halb heruntergestiegen. Die Mannschaft salutiert zum Abschied. Er starrt auf die Stadt, die vor ihm liegt, und zögert. Als er sich umdreht, blickt er nach oben zurück und beschließt, für immer an Bord zu bleiben.

Viele Jahre später versteckt sich 1900 im Laderaum des Schiffes. Sein Freund Max fleht ihn an, das Schiff zu verlassen, da es versenkt werden soll. 1900 antwortet:

> Diese riesige Stadt. Da war kein Ende zu sehen [...]. Nicht was ich sah hielt mich zurück, Max. Sondern das,

> was ich nicht sah. […] In dieser gewaltigen Stadt gab es alles, bloß kein Ende.

Eine Analogie zu seinem geliebten Instrument herstellend, fügt 1900 hinzu:

> Die Klaviatur fängt an und endet. Sie hat 88 Tasten und niemand kann dir was anderes erzählen. Sie ist nicht unendlich. Du bist unendlich. Und auf diesen Tasten kannst du Musik machen, und die ist unendlich. […] Da stehst du nun auf dieser Gangway und vor dir entrollt sich eine Klaviatur mit Millionen von Tasten […], und man sieht kein Ende. […] Auf einer unbegrenzten Klaviatur, die ins Unendliche führt, kannst du keine Musik machen.

Die Zeiten sind hart für diejenigen, die in ihrem Leben Grenzen einhalten wollen. Flugzeuge haben Ozeandampfer ersetzt, und 1900 sinkt zusammen mit dem Schiff. Die Grenze des Todes ist der Stoff für griechische Tragödien, nicht für Hollywood-Blockbuster – auch an den Kinokassen ging 1900 unter. Aber um der Erderwärmung zu begegnen, brauchen wir dringend eine Kultur der Grenzen.[4] Dieses Buch ist ein Versuch, in eine solche Richtung zu gehen.

Wozu Grenzen?

Ich bin ein Umweltschützer, und Begrenzungen sind *die* zentrale Idee des Umweltschutzes. »Grenzen sind zurück«:[5] planetarische Grenzen, säkulare Stagnation, Postwachstum, *Degrowth*.[6] Für einen Historiker der grünen Bewegung, Andrew Dobson, »ist es wie *Groundhog Day*«, der Tag im

Februar, an dem man in Kanada und den Vereinigten Staaten aus dem Verhalten eines Murmeltiers das Wetter der kommenden Wochen abzuleiten versucht:[7] Wie in den 1970er-Jahren, so behauptet Dobson, prophezeien malthusianische Umweltschützer, dass wir dem Untergang geweiht sind; und ewige Optimisten, wie damals Ronald Reagan, antworten, es gebe »keine Grenzen für das Wachstum, weil es keine Grenzen der menschlichen Intelligenz, der Vorstellungskraft und des Staunens gibt«.[8]

Geboren 1972, im selben Jahr, in dem der Bericht *Grenzen des Wachstums* veröffentlicht wurde,[9] finde ich, dass sich die Scheindebatte zwischen Optimisten und Pessimisten erschöpft hat. Diese gegensätzlichen Ansichten sind nur zwei Seiten derselben Medaille. Ohne Grenzen ergibt das Streben des Kapitalismus nach endlosem Wachstum keinen Sinn. Malthus und andere frühe Priester des Kapitalismus konstruierten ein Bild, in dem unbegrenzte menschliche Bedürfnisse auf eine begrenzte Welt stoßen. Knappheit und Wachstum wurden zu einem untrennbaren Paar, wobei Grenzen das Streben nach Wachstum anspornten. Meine These ist, dass wir erst dann, wenn wir beginnen, die Welt als Ort des Überflusses zu akzeptieren, darüber nachdenken können, unsere Bedürfnisse zu begrenzen und einen sicheren Raum für unsere Freiheit abzustecken. Dieser Gedanke mag kontraintuitiv erscheinen, doch das liegt daran, dass wir dazu neigen, Grenzen anhand des malthusianischen Knappheitsbegriffs zu denken. Dieses Buch entwickelt eine andere Sichtweise: eine, in der Grenzen die Form der *Selbstbeschränkung* annehmen. Ich werde diese Sichtweise, von den radikalen Grünen bis zu den Romantikern und sogar noch weiter in die Vergangenheit, bis in die Antike, zurückverfolgen.

Beginnend mit einer erneuten Lektüre von Malthus' *Essay on the Principle of Population* aus dem Jahr 1798 argumentiere ich, dass Malthus keine natürlichen Grenzen, sondern unbegrenzte Bedürfnisse entdeckte. Weit davon entfernt, ein Prophet des Untergangs zu sein, beschwor Malthus den Untergang herauf, um das Streben nach Wachstum anzuregen. Wir werden sehen, dass Malthus dank der modernen Ökonomie, die auf dem Mythos ewiger Knappheit und der Forderung nach immerwährendem Wachstum begründet wurde, immer noch unter uns ist. Ich werde erklären, wie einige Umweltschützer in dieser malthusianischen Vision einer begrenzten und knappen Welt gefangen sind und warum dies problematisch ist. Und ich werde ein Plädoyer für die Selbstbegrenzung formulieren: für die Festlegung selbst auferlegter und bewusst gewählter Grenzen, im Unterschied zu den malthusianischen Grenzen, die wir unserer inneren oder äußeren Welt zuschreiben und die wir entweder überwinden oder denen wir uns beugen müssen. Ich werde mich dann dem klassischen Griechenland als einer Zivilisation zuwenden, die sich durch eine Kultur der Selbstbeschränkung auszeichnet. Dort und im darauffolgenden Kapitel, in dem ich mich mit den Grenzen meiner eigenen Verteidigung von Grenzen befasse, werde ich der Schriftstellermaxime folgen, weniger über das zu schreiben, was ich weiß, und mehr über das, was mich interessiert und worüber ich mehr erfahren möchte.[10] Ich werde das Buch jedoch selbstbewusster beschließen, mit einer unapologetischen Verteidigung des Wunsches nach Grenzen.

Mein erster Job, im Europäischen Parlament, beinhaltete die Überarbeitung der EU-Gesetze, die Grenzwerte für die Wasserverschmutzung festlegen. Ich erlebte aus erster Hand den Angriff der Chemielobby auf die Umweltregulierung, angeheizt von einem ökologischen Diskurs, der die Notwendigkeit von Grenzwerten leugnete. Nach meiner Rückkehr an die Universität studierte ich ökologische Ökonomie und informierte mich über die Grenzen des Wachstums.[11] Als ich an der University of California, Berkeley, mit dem Ökonomen Dick Norgaard zusammenarbeitete, erkannte ich, wie schwierig es ist, ökologische Grenzen zu definieren, da Grenzen immer eine Funktion unserer Absichten sind. Wie Dick schreibt, geht es bei Grenzen nicht um irgendetwas, was dort draußen existiert, sondern um die Begrenzung unserer negativen Auswirkungen aufeinander und auf die Umwelt, mit der wir interagieren.[12] Diese Einsicht entwickle ich hier weiter. Von den Geografen und politischen Ökologen in Berkeley habe ich auch etwas über die Gewalt gelernt, die im Namen von Grenzen ausgeübt wird, und über die Machtverhältnisse, die sich hinter scheinbar unschuldigen Behauptungen über die Natur und ihre Grenzen verbergen.[13]

Im Rückblick stellt sich mir die Arbeit, die ich seitdem geleistet habe, als Versuch dar, ökologische Ökonomie und politische Ökologie zu synthetisieren, um eine nuanciertere Herangehensweise an Begrenzungen zu entwickeln. Ich fand, was ich suchte, in der Arbeit eines griechischen Kollegen, Cornelius Castoriadis – eine Bettlektüre meiner Mutter, die ich als Erwachsener wiederentdeckte. Castoriadis unterscheidet zwischen Heteronomie – Grenzen, die wir Gott oder der Natur zuschreiben und die unsere Freiheit einschränken – und Autonomie: Grenzen, die wir bewusst für uns selbst setzen. Diese Unterscheidung ist der Kern dieses Buches.

Die Debatte über Grenzen hat politische Implikationen. Die Vorstellung von Ökologen, dem Wachstum gelte es Grenzen zu setzen, scheint dem fortschrittlichen Ideal einer Verbesserung der Welt für alle die Grundlage zu nehmen. Während viele dazu neigen, die Erderwärmung zu leugnen oder ihr gleichgültig gegenüberzustehen, setzen andere auf die Entgrenzung von Technologie und Wachstum – von jenen Kräften also, die uns in unsere heutige Lage gebracht haben. In einer Kultur, die keine Grenzen duldet, scheint eine Begrenzung der Nutzung fossiler Brennstoffe und des durch sie ermöglichten Komforts unmöglich. Meine Absicht ist es, hier einen intellektuellen und politischen Raum zu öffnen, um neu über Grenzen nachzudenken.

Es gibt noch einen weiteren, persönlicheren Aspekt meines leidenschaftlichen Interesses an der Frage nach Grenzen. Ich bin in Athen aufgewachsen, nach dem Sturz der Diktatur und der Aufhebung vieler strenger Verbote. Meine Eltern legten Wert darauf, zu Hause keine strengen Regeln aufzustellen. Meine ersten Ausbildungserfahrungen machte ich in einem antiautoritären, von Müttern und Vätern selbst organisierten Kindergarten. Während meiner Jugend wurde mir nie gesagt, wann ich nach Hause zu kommen hätte, doch ich kehrte stets pünktlich heim. Mir wurde nicht gesagt, dass ich nicht trinken sollte, und ich trank auch, aber selten zu viel. Meine Mäßigung wurde eine Quelle familiären und persönlichen Stolzes. Meine Leser mögen hier die Neigung vieler Intellektueller am Werk sehen, eine persönliche Wahrheit zu verallgemeinern und in ein gesellschaftliches Prinzip umzudeuten. Doch die Dinge liegen nicht so einfach. Meine Mäßigung ist, wie das Schiff von 1900, mein Zuhause und mein Gefängnis. Es gibt gesellschaftliche Grenzen, denen ich mich unbewusst gebeugt habe, und Grenzen, die ich mir unfreiwillig auferlegt habe, als ich die Erwartungen meiner Eltern und meine eigenen Vorstellungen davon, wer ich sein sollte, verinnerlichte. Als verantwortungsbewusster Mann in der Mitte meines Lebens empfinde ich einige meiner Selbstbeschränkungen mittlerweile als erdrückend. Ich möchte bewusst wählen, welche Grenzen ich beibehalte, weil sie mich befreien, möchte entscheiden, welche Grenzen zu unserem gemeinsamen Leben gehören, sodass ich sie akzeptieren muss, und ich möchte bestimmen, welche Grenzen ich oder andere mir ungerechterweise auferlegt haben, sodass ich mich von ihnen befreien sollte. Meine Auseinandersetzung mit dem Grenzbegriff ist Teil meines Strebens nach einem besseren Verständnis meiner eigenen Begrenzungen.

Ich widme dieses Buch meinem Vater, der mir auf diskrete Weise beigebracht hat, wie man das Leben mit und ohne Grenzen genießen kann. Dem Andenken an meine Mutter Maria: Ihr plötzlicher Tod hat mir den Schmerz der letzten Grenze vor Augen geführt. Meiner Frau Amalia und meiner Schwester Iris für ihre grenzenlose Liebe. Und da meine Hinweise auf Grenzen selbst an natürliche Grenzen stoßen, auch meinen Mentoren, Freunden und Kollegen: Ohne sie wäre ich nie auf die Gedanken gekommen, die ich in diesem Buch teile.

1. Warum Malthus falschlag

Ich stelle es mir so vor.

Bob stand auf und ging aus dem Büro. »Junger Mann«, seufzte sein Vater, »unser Gespräch ist noch nicht beendet.« »Ich bin nicht mehr jung«, dachte Bob, als er später an seinem Schreibtisch saß und sich in seine Bücher und Notizen vertiefte. Zweiunddreißig Jahre alt, unverheiratet, vom Gehalt eines Geistlichen lebend, fühlte sich Thomas Robert Malthus gedemütigt: Er lebte unter dem Dach seines Vaters und musste sich dieselben wilden Ideen anhören, mit denen er aufgewachsen war. Es war in Ordnung, dass der Vater Rousseau mochte. Aber jetzt, wo in Irland die Revolution vor der Tür stand, wie konnte er da diesen Witzbold Godwin verteidigen, der England zu einem neuen Frankreich machen wollte? Frankreich, das neun Jahre nach der Revolution

> einige tausend Jahre zurückgefallen ist – entwürdigt durch eine solche Gärung von widerwärtigen Leidenschaften, von Furcht, Grausamkeit, Bosheit, Rache, Ehrgeiz, Wahnsinn und Torheit, wie sie die wildeste Nation im barbarischsten Zeitalter entehrt hätte.[1]

Kommen Sie doch in meine Gemeinde, Vater, und sehen sie »eine größere Anzahl hungernder, elender Menschen als auf irgendeiner vergleichbar großen Fläche auf dem ganzen bewohnbaren Erdrund.«[2] Die armen Seelen mit ihren unzähligen Kindern! Sie brauchen keine Wohltätigkeit, keine Revolution und keine Utopien à la Godwin. Sie müssen arbeiten. Bob griff nach seiner Feder und begann zu schreiben. »Die folgende Abhandlung verdankt ihre Entstehung einer Unterhaltung mit einem Freund […].«

Das 1798 veröffentlichte Buch *An Essay on the Principle of Population, as It Affects the Future Improvement of Society with Remarks on the Speculations of Mr. Godwin, M. Condorcet, and Other Writers* (dt. *Das Bevölkerungsgesetz*) war ein sofortiger Erfolg. Es brachte seinem Autor, Thomas Robert Malthus, Reichtum, Ruhm und ein eigenes Haus ein. Und es legte »die Parameter der modernen gesellschaftlichen Diskussion fest, indem es Bevölkerung, Ökonomie, Ressourcen und Politik zueinander in Beziehung setzte.«[3]

Malthus schrieb den *Essay* als Widerlegung revolutionärer Bestrebungen. Heute gilt Malthus jedoch vor allem als Untergangsprophet: als jemand, der, so die Redaktion des *Economist*, »eine tragische Doppelentwicklung« vorhergesagt habe, aufgrund derer das Wachstum der menschlichen Bevölkerung das begrenzte Wachstum des Nahrungsangebots übersteigen werde, mit Leid, Hunger und Tod als Folgen.[4] Malthus prophezeite angeblich eine Überbevölkerung – dass also unsere Bevölkerung auf eine Zahl anwachsen werde, die jenseits der Tragfähigkeitsgrenze des Landes liege – sowie eine Begrenzung und Verknappung der Ressourcen, insbesondere der Nahrungsmittel. Malthus, so heißt es, sei ein Pessimist gewesen, der die Grenzen des Wachstums genau zu dem Zeitpunkt vorhergesagt habe, da die Technologie begonnen habe, unbegrenztes Wachstum zu ermöglichen. Das Adjektiv »malthusianisch« ist heute denjenigen vorbehalten, die glauben, die Naturressourcen seien begrenzt und würden somit auch dem Wirtschafts- und Bevölkerungswachstum Grenzen setzen.

Doch nicht jeder stimmt mit dieser Lesart von Malthus und dessen *Essay* überein. Frank Elwell ist ein Anthropologe, der sich eingehend mit Malthus beschäftigt hat. Er stellt fest, dass »es in der populären Literatur zwar selbsternannte Neo-Malthusianer und Anti-Malthusianer gibt, sich die Debatte aber eher auf die moderne ökologische Situation als auf Malthus' Theorie konzentriert«[5] (tatsächlich ging es im zitierten Leitartikel des *Economist* um die Erderwärmung). Lesen Sie den *Essay* ohne vorgefertigtes Urteil, fordert Elwell, und vergessen Sie den Malthus der Malthusianer und ihrer Kritiker. Dann offenbare sich Malthus nicht etwa als »mürrischer, konsequent pessimistischer Schriftsteller«, sondern als jemand, »der recht munter ist, die Zukunft der menschlichen Gesellschaft im Allgemeinen positiv sieht [und sich durch einen] gesunden Respekt vor der Technik auszeichnet.«[6]

Ich bin auf Malthus gestoßen, als ich mich über die Debatte um die Grenzen des Wachstums informierte. Dabei gelangte ich, wie alle anderen auch, zu dem Schluss, ihn habe die Sorge um die Überbevölkerung und die Begrenztheit der Ressourcen umgetrieben. Als ich den *Essay* jedoch erneut las und dabei beiseiteließ, was ich zu wissen glaubte, fiel mir auf, dass Malthus paradoxerweise Glück mit Bevölkerungswachstum gleichsetzt. »Das Glück eines Landes«, schreibt Malthus, »hängt […] ab von der Geschwindigkeit, mit der sich die jährliche Zunahme an Nahrungsmitteln der jährlichen Quote eines uneingeschränkten Bevölkerungswachstums nähert.«[7] Eine glückliche Nation ist Malthus zufolge eine, in der die Bevölkerung wächst – je eher es sich beim Bevölkerungswachstum um ein geometrisches handelt, desto besser. Länder mit raschem Bevölkerungswachstum machen also weder etwas falsch, noch sind sie dem Untergang geweiht. Malthus lobt die europäischen

Länder, weil es ihnen durch ihren »Fleiß« (*industry*) gelungen sei, »volkreicher« zu sein »als in früheren Zeiten.«[8] Er möchte auch nicht, dass dem Bevölkerungswachstum Grenzen gesetzt werden. Ausdrücklich verurteilt er »künstliche und unnatürliche Arten der Bevölkerungskontrolle [...] wegen ihrer Tendenz, einen notwendigen Anreiz für den Fleiß [*industry*] zu entfernen.«[9]

Malthus soll der erste Denker sein, der die Begrenztheit der für das Wachstum zur Verfügung stehenden Ressourcen anspricht. Doch im *Essay* behauptet er, dass »Rohmaterial« für »Waren [...] in großer Fülle vorhanden« sei und »eine Nachfrage nach [diesen] unzweifelhaft die Herstellung in ebenso großer Menge, wie sie verlangt wird, zur Folge haben« werde. Auch im Fall der Lebensmittel seien »den Erträgen der Erde keine Grenzen gesetzt; sie mögen unablässig zunehmen und größer sein als jede bestimmbare Menge.«[10]

Hier geht etwas nicht auf. Ein Prophet der Überbevölkerung, der sich Bevölkerungswachstum wünscht? Ein Prophet der Grenzen, der nicht an Grenzen glaubt? Folgen wir Elwell und konzentrieren wir uns auf das, was Malthus tatsächlich gesagt hat, und nicht auf Aussagen, die ihm der *Economist* zuschreibt.

Um Missverständnissen vorzubeugen: Mir geht es hier nicht darum, die Ideengeschichte neu zu schreiben. Ich interessiere mich deswegen für Malthus, weil seine Auffassung von Grenzen unsere Gegenwart prägt. Wenn wir verstehen, was er tat und weshalb, dann eröffnet uns das die Möglichkeit eines genaueren Verständnisses unserer eigenen Vorstellung von Grenzen – und das ist notwendig, wenn wir diese Vorstellung durch eine neue ersetzen wollen.[11]

Beginnen wir mit dem, was Malthus beweisen wollte. Malthus' Aufsatz prognostiziert nicht, dass die Ressourcennutzung an Grenzen stoßen oder das Bevölkerungswachstum die Schwelle zur Untragbarkeit überschreiten wird. Malthus wollte das Wachstum nicht stilllegen. Sein *Essay* ist zielstrebig darauf ausgerichtet, die Notwendigkeit einer Gesellschaft zu beweisen, »die in eine Klasse der Eigentümer und eine Klasse der Arbeiter geteilt ist«.[12] Seine These lautet, dass »keine Form der sozialen Organisation eine gerechte und ausgewogene Gesellschaft schaffen oder erhalten kann«.[13]

Malthus' Motive waren, wie meine, intellektueller, politischer und persönlicher Natur. Er wollte die mathematischen und logischen Kenntnisse, die er sich in Cambridge erworben hatte, einsetzen, um die Torheit der Revolutionäre zu beweisen. Er glaubte, eine Gesellschaft von Gleichen sei logisch unmöglich; indem sie nach der Verwirklichung einer solchen Gesellschaft strebten, müssten Revolutionäre mehr Schlimmes als Gutes bewirken. Malthus wollte die Abschaffung der *Poor Laws* durchsetzen: eines Fürsorgesystems, das in den Kirchengemeinden kostenloses Essen zur Verfügung stellte. Außerdem wollte er beweisen, dass sein Vater im Unrecht war (stets ein starker Anreiz), und er hoffte, sich dabei ein paar Groschen zu verdienen. Wenn er genügend Exemplare des *Essays* verkaufte, würde er heiraten und eine eigene Wohnung beziehen können. So aufschlussreich dies auch sein mag: Die Gründe, weshalb Malthus den *Essay* schrieb, sind weniger interessant als die Art, wie er seine Position vertrat. Es ist seine Logik, nicht seine Biografie, die offenbart, wie er über Grenzen dachte.

Bevölkerung und Knappheit: Es wird nie genug geben

Der Kern von Malthus' Argumentationsgang ist jenes »Bevölkerungsgesetz«, von dem im Titel des *Essay* die Rede ist. Einfach ausgedrückt lautet dieses Prinzip, dass unsere Fähigkeit, Kinder zu zeugen, stets über unsere Fähigkeit hinausgehen wird, deren Überleben sicherzustellen. Menschen haben, so Malthus, zwei Grundbedürfnisse: nach Nahrungsmitteln und nach Sex. Das Vermögen der Reproduktion sei »unbegrenzt größer« als das der Produktion.[14]

Aus den Tatsachen, dass Menschen essen und Sex haben müssen, und dass es einfacher ist, Kinder zu zeugen, als sie zu versorgen, schließt Malthus, dass »gegenwärtig nicht genug da [ist], um für alle eine ausreichende Ration zu gewährleisten«, und dass sich dies auch nicht ändern werde.[15] Es gebe immer potenziell mehr Menschen als Lebensmittel. Mit anderen Worten, es herrsche, bezogen auf die Gesamtzahl an Menschen, stets Lebensmittelknappheit. Darin besteht, so behaupte ich, das zweite – und unbemerkte – Prinzip von Malthus' *Essay*: das Prinzip der Knappheit. Dieses Prinzip der Knappheit folgt unmittelbar aus dem ersten Prinzip, dem der Bevölkerung: Wenn die Anzahl Menschen potenziell stets höher ist als die Menge an Lebensmitteln, die diese Menschen produzieren können, dann herrscht Lebensmittelknappheit: jetzt, immer und überall. Die Freigebigkeit der Natur ist begrenzt, weil unser Fortpflanzungsvermögen unbegrenzt ist. Malthus stellt sich eine Welt vor, die von Natur aus begrenzt ist, weil die Bedürfnisse unseres Körpers von Natur aus unbegrenzt sind.

Hier haben wir es mit einer Naturvorstellung zu tun, die den Kern der modernen Ökonomie und in gewissem Maße auch den des Umweltschutzes darstellt. Armut ist Ausdruck von Knappheit, erklärt Malthus weiter. Die Armen sind der Überschuss, für den es keinen Anteil mehr gibt, und sie strömen zu den Gemeinden, um Unterstützung zu erhalten. Malthus glaubt, dass er dank mathematischer Logik und ausgehend von unanfechtbaren Prämissen die Notwendigkeit der Armut bewiesen hat. Armut, so argumentiert Malthus, folgt naturgemäß aus Libido und Hunger. Dies sei ein Naturgesetz. Revolutionäre Bestrebungen, die Armut abzuschaffen, hätten die Wissenschaft gegen sich.

Die Natur ist Malthus zufolge vorausschauend und begrenzt unsere Anzahl entsprechend der Menge der verfügbaren Nahrungsmittel. Jede sich unkontrolliert fortpflanzende Art müsse an sich schon bald die gesamte Erde mit ihren Exemplaren bestücken. Die Tatsache, dass dies noch nicht vorgekommen sei, zeige: Irgendetwas sorgt dafür, dass die Bevölkerungsgröße unterhalb ihres Potenzials verbleibt – Fressfeinde, Krankheiten oder Nahrungsmittelknappheit. Die Menschheit hat sich von Fressfeinden befreit, und doch bleibt die Zahl der Menschen begrenzt. Als »nachwirkende Hemmnisse« (*positive checks*) bezeichnet Malthus solche, die ein sich bereits in Gang befindliches Bevölkerungswachstum bremsen. Hunger und Hungersnot, Kindermord und vorzeitiger Tod, Krieg und Krankheit – was immer die Lebenserwartung der Menschen reduziert, ist ein solches nachwirkendes Hemmnis. »Vorbeugende Hemmnisse« (*preventive checks*) hingegen sind solche, bei denen die Vernunft eingreift, um die Zahl der Nachkommen im Voraus zu reduzieren. Doch sie sind nicht besser als ihr nachwirkendes Gegenstück. Diejenigen, die sexuelle Enthaltsamkeit praktizieren, würden darunter leiden, schrieb Malthus, aus eigener Erfahrung sprechend, denn er lebte bis zu seinem achtunddreißigsten Lebensjahr, dem Jahr seiner Heirat, im Zölibat. Und diejenigen, die Sex hätten, ohne

Kinder zu zeugen, seien Opfer eines Lasters, das ihre Moral erniedrige und sexuell übertragbare Krankheiten verursache. Es werde nie das Paradies auf Erden geben, schloss Malthus gegen Sozialisten wie Godwin. Hemmnisse des Bevölkerungswachstums seien unvermeidlich und brächten schreckliches Leid mit sich.

Was galt es also zu tun?

Pastor Malthus, der Wachstumsapostel

Angesichts der Art und Weise, auf die man sich heute an ihn erinnert, erscheint es paradox, doch Malthus sah nur einen Ausweg aus dem Elend, nämlich Wirtschaftswachstum:

> [E]rhöht man […] den Ertrag des Landes […], dann brauchen keinerlei Befürchtungen mehr über die angemessene Zunahme der Bevölkerung gehegt zu werden. Jedes Bemühen, dieses Ziel auf eine andere Art und Weise zu erreichen, ist verwerflich, grausam und tyrannisch und kann sich in keinem Staat, in dem auch nur eine gewisse Freiheit herrscht, durchsetzen.[16]

Entgegen seinem ikonischen Status als Prophet der Grenzen war Malthus tatsächlich ein Wachstumsprophet.[17] Er hat nicht behauptet, dass es das Bevölkerungswachstum zu begrenzen gelte, und er hat auch keine natürliche Begrenztheit der Nahrungsmittelproduktion behauptet. Vielmehr hat er geäußert, das Bevölkerungswachstum sei durch die Menge der produzierten Lebensmittel begrenzt; diese könne jedoch selbst unbegrenzt erweitert werden.

Geht man davon aus, dass eine glückliche Nation eine ist, in der die Bevölkerung ungehemmt wächst, dann besteht das einzige Mittel der Glückssteigerung auf Bevölkerungsebene in der Ausweitung der Nahrungsmittelproduktion. Entgegenwirkende Ursachen werden sich nie ganz ausräumen lassen; dennoch wird das Leben für alle erträglicher sein, wenn man diese Strategie verfolgt.

Neo-Malthusianer haben sich schwergetan zu verstehen, warum Malthus gegen Geburtenkontrolle war oder warum er sich nicht auf abnehmende Erträge in der Landwirtschaft berief wie sein Zeitgenosse David Ricardo. Hätte er solche Argumente nicht nutzen können, um seine eigenen zu stützen?[18] Die Experten erinnern uns daran, dass Malthus kein moderner Neo-Malthusianer war, sondern ganz anders argumentierte als diese.[19] Malthus bestand darauf, dass es nur eine Möglichkeit gebe, das Elend zu verringern, nämlich die Lebensmittelproduktion auszuweiten. Malthus war kein Verfechter von Grenzen, sondern jemand, der das Gespenst der Grenzen beschwor, um Ungleichheit zu rechtfertigen und für Wachstum einzutreten. Wie ein Forscher bemerkt:

> Malthus begrüßte, in krassem Gegensatz zum gängigen Stereotyp von ihm, das Bevölkerungswachstum als förderlich für das soziale und persönliche Wohl, »wenn es seiner natürlichen Ordnung folgt«, womit er meinte, dass es eine »permanente Zunahme der Landwirtschaft« geben müsse.[20]

In der Tat, ohne Wachstum würde Malthus' Theorie keinen Sinn ergeben. Friedrich Engels scherzte, wenn Malthus recht gehabt hätte, dann hätte »*die Erde schon übervölkert* [sein müssen], *als nur ein Mensch existierte.*«[21] Schließlich hätten ja bereits Adam und Eva mehr Kinder gezeugt, als sie versorgen konnten. Kurioserweise war gerade dies Malthus' Standpunkt – allerdings mit einer besonderen Wendung: Seine Erzählung sah die Möglichkeit einer Ausweitung der Produktion vor. Malthus schreibt: »daß die Welt nicht anders bevölkert worden wäre als durch die Überlegenheit der Vermehrungskraft den Unterhaltsmitteln gegenüber.« Das scheint ein Paradoxon zu sein. Malthus meint Folgendes: Gerade wegen der Bedrohung durch das Bevölkerungsprinzip hätten Adam und Eva arbeiten und mehr Nahrung produzieren müssen, um ihre Familie zu ernähren. Die »Beständigkeit der Naturgesetze« sei »die Grundlage von Fleiß [*industry*]«.[22] »Das Übel gibt es in der Welt, nicht um Verzweiflung hervorzurufen, sondern Tätigkeit«, erklärt Malthus.[23] Knappheit und Produktivität gehen Hand in Hand.

Das Leid, das durch die Hemmnisse des Bevölkerungswachstums hervorgerufen wird, hält uns also an, zu arbeiten und mehr zu produzieren, was es uns wiederum erlaubt, unsere Anzahl zu steigern (wenn auch nicht entsprechend der möglichen geometrischen Rate). Die »für den Unterhalt einer großen Bevölkerung erforderliche Arbeitsleistung« würde »ohne den Antrieb der Not nicht geleistet werden« – ohne den ständigen Druck des Bevölkerungsgesetzes also.[24] Not (Knappheit) macht erfinderisch, wie das Sprichwort sagt. »Die Ursache, weshalb der überwiegende Teil Europas heute volkreicher ist als in früheren Zeiten,« schreibt Malthus anerkennend, »liegt in dem Fleiß der Bewohner, durch den diese Länder eine größere Menge an Unterhaltsmitteln für den Menschen hervorbrachten.«[25]

Elend und Wachstum wechseln sich ab, so Malthus.[26] Mittelfristig verringert und vergrößert sich die Bevölkerung zyklisch, langfristig wächst sie jedoch entsprechend der Rate der Nahrungsmittelproduktion. Wenn wir mehr Nahrung produzieren, bekommen wir mehr Kinder. Irgendwann übersteigt unsere Zahl die verfügbaren Nahrungsmittelvorräte. Dann setzen Hemmnisse (*checks*) ein, die vor allem die Armen treffen: nach Malthus' Definition jene Überschüssigen, die nicht ernährt werden können. Hohe Lebensmittelpreise und Lohnsenkungen stellen jedoch das Gleichgewicht wieder her. Sie lassen die Menschen fleißiger werden, erhöhen die Produktivität sowie die Nahrungsmittelproduktion und führen zu einem neuen Zyklus der Expansion.

Im Namen des Wachstums: Ungleichheit und Marktfreiheit

Armenhilfe verringert das Leid, so Malthus. Doch dieses Leid sei notwendig, denn so mache Gott uns fleißig. Ohne Leid würden wir nicht arbeiten. Indem wir den Armen kostenloses Essen geben, würden wir weder ihnen noch »uns« einen Gefallen tun. Sie bekämen dann mehr Kinder, was nicht in ihrem Interesse sei. Die Armen zu versorgen sei auch ungerecht: Wenn die Armen Zugang zu mehr Nahrung bekämen, ohne mehr zu produzieren, dann könnten sie diesen »größeren Anteil [...] nicht erhalten [...], ohne die Anteile der anderen zu verringern.«[27] Wir sollten eine Maximierung des Guten für die größtmögliche Anzahl Menschen anstreben, so Malthus. Die *Poor Laws*, gegen die Malthus politisch anschrieb, würden die Lage aller verschlechtern. Sie würden den Armen Freizeit gönnen, für die sie nicht gearbeitet hätten. Des Weiteren würden sie die »Arbeitslust« abtöten und die Spar- und Akkumulationsbereitschaft vermindern, da ja die Bedürfnisse der Armen bereits befriedigt seien. Armenhilfe sei auch selbstzerstörerisch, denn würden die Einkommen steigen, ohne dass es gleichzeitig zu einer Ausweitung der

Nahrungsmittelversorgung komme, dann bewirke dies eine Steigerung der Lebensmittelpreise, nicht nur für die Armen, sondern für alle.[28]

Malthus erprobt hier Argumente, die von späteren Ökonomen weiter ausgearbeitet werden sollten. Eines dieser Argumente lautet, Umverteilung störe das Gleichgewicht eines freien Marktes. Die durch die *Poor Laws* geschaffene, künstliche Sicherheit verhindere, »daß der Arbeitslohn [...] steigt«, wenn sich die Bevölkerungsgröße verringere, sodass die Menschen ärmer blieben als nötig. Und sie drücke ihn »noch einige Zeit länger [herab]«, wenn die Bevölkerung wachse: Hohe Lohnkosten würden die Ausweitung der Nahrungsmittelproduktion bremsen, obgleich eine solche Ausweitung doch nötig sei, um den Bedarf einer wachsenden Bevölkerung zu decken.[29] Malthus schlägt also vor: »ein[en] Versuch, das Bevölkerungswachstum selbst an die Zunahme der Bodenerträge zu koppeln«.[30] Die Armenhilfe binde die Menschen an die kostenloses Essen verteilenden Gemeinden, verringere also die Mobilität der Menschen, ihre Bereitschaft, anderswo nach Arbeit zu suchen. Als Alternative dazu propagiert Malthus die »[völlige] Abschaffung sämtlicher derzeitiger Gemeindegesetze«, um »den englischen Landarbeitern Freiheit und Handlungsspielraum [zu] verschaffen [...], damit sie in der Lage sein würden, sich ungehindert niederzulassen, wo immer sich die Aussicht auf größere Arbeitsmöglichkeiten und einen höheren Arbeitslohn bietet.« »Auf dem Arbeitsmarkt würde dann Freizügigkeit herrschen, und jene Hindernisse wären beseitigt, die – wie die Dinge jetzt liegen – oft für eine beträchtliche Weile den Lohnanstieg auf die Höhe der Nachfrage verhindern.«[31] Der *Essay* könnte durchaus die erste im Namen der Marktfreiheit formulierte Verurteilung von Umverteilung und Wohlfahrtsstaatlichkeit sein.

Um die Unmöglichkeit einer Gesellschaft der Gleichen zu veranschaulichen, wie sie Godwin 1793 in seiner *Enquiry Concerning Political Justice* beschrieben hat, erzählt Malthus eine Geschichte. Er lädt seine Leser ein, sich vorzustellen, es gäbe kein Eigentum und keine Ungleichheit. Daraus ergibt sich jedoch keine Utopie à la John Lennon. Sei die Subsistenz der Menschen einmal gesichert, so argumentiert Malthus, dann würden sie beginnen, so viele Kinder zu zeugen wie möglich. Die Bevölkerungsgröße würde rascher anwachsen als die Nahrungsmittelproduktion, und der jedem Einzelnen zur Verfügung stehende Anteil würde sich nach und nach verringern. Einige würden dann mit weniger als ihrem gerechten Anteil auskommen müssen. Diejenigen, die mehr Glück mit ihrer Ernte hätten, würden ihre Lebensmittel für sich behalten wollen. So würden sie das Privateigentum erfinden, um ihre Ernte vor fremdem Zugriff zu schützen. Sobald es eine besitzende Klasse und eine besitzlose und hungrige Masse gebe, die nichts zu verkaufen hat außer ihrer Arbeitskraft, werde es unmenschlich und tyrannisch sein, der besitzlosen Klasse zu verbieten, für die besitzende zu arbeiten. Malthus schließt: »Aller Wahrscheinlichkeit nach würde daher eine Ordnung des Eigentums eingeführt werden, die von der gegenwärtig in den zivilisierten Staaten herrschenden nicht allzu sehr abwiche […].«[32]

Godwins Gesellschaft der Gleichen werde

> in ganz kurzer Zeit zu einer Gesellschaft entarten […], die nach einem Muster eingerichtet wäre, das sich von dem in jedem bekannten Staat heutzutage herrschenden nicht wesentlich unterscheidet; das bedeutet eine Gesellschaft, die in eine Klasse der Eigentümer und eine Klasse der Arbeiter geteilt ist […].[33]

Ungleichheit sei unvermeidlich, doch sie sei nicht schlecht, behauptet Malthus. Sie sei die Triebkraft des Wachstums. Es könne keine Gesellschaft geben, die nur aus der Mittelklasse bestehe, denn:

> Die äußeren Bereiche der Gesellschaft können nicht über ein gewisses Maß hinaus vermindert werden, ohne auch die beseelte Anstrengung in den mittleren Teilen zu vermindern […]. Wenn kein Mensch auf Aufstieg hoffen könnte oder Abstieg zu befürchten hätte, wenn Fleiß nicht belohnt und Müßiggang nicht bestraft würden, dann würde der mittlere Bereich der Gesellschaft sicherlich nicht das sein, was er heute ist.[34]

Warum lag Malthus falsch?

Die Ökonomen sagen uns, Malthus habe Unrecht, weil er nicht gesehen habe, wo die Reise hingeht. In den Worten des *Economist*: »Malthus war ein falscher Prophet.«

> Er lieferte eine durchaus zutreffende Beschreibung der vorindustriellen Gesellschaften, [doch] die industrielle Revolution, die in Großbritannien bereits begonnen hatte, veränderte die langfristigen Aussichten für das Wirtschaftswachstum. Die Volkswirtschaften begannen schneller zu expandieren als ihre Bevölkerungen, was zu einer nachhaltigen Verbesserung des Lebensstandards führte.[35]

Das Bevölkerungswachstum brach nicht in sich zusammen, und die Masse der verfügbaren Nahrungsmittel vergrößerte sich rascher als die Bevölkerung. Malthus habe die Technologie unterschätzt, heißt es. Er habe unsere »Intelligenz, unsere Vorstellungskraft und unser Staunen« unterschätzt, wie Ronald Reagan oder sein Redenschreiber es ausdrücken würde. Die Lektion, schlussfolgert der *Economist*, ist deutlich: Auch diejenigen, die heute eine Begrenzung unserer Nutzung fossiler Brennstoffe sowie der Treibhausgase fordern, seien falsche Propheten. Die Technologie werde die Aufgabe meistern, und es bestehe kein Bedarf an Grenzen.

Wie ich aber hier gezeigt habe, forderte Malthus weder eine Begrenzung der Bevölkerung oder der Ressourcennutzung, noch stellte er die Aussichten für Wirtschaftswachstum infrage. Sein Ziel war es zu beweisen, dass es nicht genug für alle gibt, nicht, dass das Wachstum begrenzt ist. Der Wachstumsbegriff, wie wir ihn heute kennen, wurde erst ein Jahrhundert nach Malthus geprägt. Zu seiner Zeit fielen die Begriffe der Wohlfahrt, der Produktion und der Bevölkerung zusammen. Für Malthus war, wie für viele seiner Zeitgenossen, Wirtschaftswachstum gleichbedeutend mit Bevölkerungswachstum und einer Ausweitung der landwirtschaftlichen Produktion. Und Malthus war optimistisch, was die Aussichten für ein langfristiges, unbegrenztes Bevölkerungswachstum anging – Disziplin, Fleiß und zusätzliche Lebensmittel vorausgesetzt.

Zugegeben, die von Malthus beschriebenen Zyklen legen nahe, dass die pro Kopf verfügbare Menge an Nahrungsmitteln auf lange Sicht konstant bleibt: Wird mehr Nahrung produziert, dann holt die Bevölkerung auf. Doch dies war keine düstere, pessimistische Prophezeiung. Und Malthus stellte sie auch nicht als solche dar; eine wachsende, gut ernährte Bevölkerung war für ihn das Beste, was eine Nation anstreben kann. Unter Berufung auf Adam Smith prognostizierte er, dass Nationen nicht nur eine stabile Lebensmittelversorgung gewährleisten, sondern auch die Produktion ausweiten und den Wohlstand mehren würden.

Wie sollen wir also Malthus' berühmte Bemerkung deuten, die Bevölkerung wachse, »wenn keine Hemmnisse auftreten, in geometrischer Reihe an«, die Lebensmittel würden aber »nur in arithmetischer Reihe [zunehmen]«?[36] (Geometrisches Wachstum bedeutet 1, 2, 4, 8, 16, 32, 64, 128 usw., arithmetisches hingegen 1, 2, 3, 4, 5, 6 usw.) Prognostizierte Malthus damit nicht Überbevölkerung und Hunger?

Nein, weil es nicht als Prognose intendiert war. Malthus bot nur eine Veranschaulichung der potenziellen Differenz zwischen diesen beiden Dynamiken. Wenn sich die Nahrungsmittelproduktion nur arithmetisch steigern würde, dann hätte sie zu dem Zeitpunkt, da Malthus schrieb, ein stationäres, beinahe ein Nullwachstum erreicht (etwa von einer Million auf eine Million und eins). Doch dies war nicht, was Malthus im Sinn hatte, denn anders als im Beispiel arithmetischen Wachstums geht er an verschiedenen anderen Stellen im *Essay* von einer kontinuierlichen, wenngleich begrenzten Ausweitung der Nahrungsmittelproduktion aus.

Was Malthus außerdem sagt ist nicht, dass die Bevölkerung sich in geometrischer Reihe vergrößere, sondern dass sie das Potenzial habe, dies zu tun, wenn dem keine Hemmnisse entgegenstehen. Verhält sie sich anders, dann liegt das daran, dass solche Hemmnisse am Werk sind. Logischerweise muss die Bevölkerungsgröße dem entsprechen, was die Umwelt zur Verfügung stellt. Daraus folgt nicht, oder jedenfalls für Malthus nicht, dass die Bevölkerung ihre Umwelt nicht so gestalten kann, dass diese Umwelt mehr produziert. Die Bevölkerung kann nicht rascher wachsen als der Lebensmittelvorrat, doch dieser kann rascher wachsen als eine (in ihrem Wachstum gehemmte) Bevölkerung.

Elwell zufolge lautet Malthus' These, dass die Bevölkerung entsprechend der Rate der Nahrungsmittelproduktion oder aber einer geringeren Rate wachsen muss. Die Tatsache, dass sich die pro Kopf verfügbare Menge an Nahrungsmitteln seit Malthus vergrößert hat, widerlegt ihn nicht, so Elwell. Malthus habe prognostiziert, dass ein der natürlichen Rate entsprechendes Bevölkerungswachstum sich kaum über längere Zeit aufrechterhalten lasse. Diese natürliche Rate des Bevölkerungswachstums sei viel höher als die der Lebensmittelproduktion. Wenn Malthus sich getäuscht hätte, so Elwell weiter, »dann würde die Weltbevölkerung, angenommen, sie habe zur Zeit von Malthus eine Milliarde Menschen betragen und würde sich ohne Hemmnisse alle 25 Jahre verdoppeln, heute 256 Milliarden Menschen betragen.«[37] Da die Weltbevölkerung heute nicht annähernd so groß ist, muss es Hemmnisse gegeben haben. Malthus habe also Recht. Wenn sich aber Malthus in seinen Prognosen zu Bevölkerung und Lebensmitteln nicht täuschte, könnte er dann dennoch Unrecht haben, weil er den Niedergang der Geburtenrate nicht vorhersah?

Im *Essay* spricht Malthus von Engländern, die ihre Heirat hinauszögern und die Anzahl ihrer Kinder ihren finanziellen Mitteln anpassen. Er sprach sich gerade deswegen für die Abschaffung der *Poor Laws* aus, weil er hoffte, die Armen dadurch zu einem solchen Verhalten bewegen zu können. Malthus wusste auch um die Geburtenkontrolle, wenngleich er sie ablehnte. Er sah durchaus voraus, dass nachwirkende durch vorbeugende Hemmnisse abgelöst werden würden, je weiter sich Länder »zivilisierten«, mit dem Ergebnis einer sinkenden Geburtenrate.

Hatte Malthus also Recht?

Wir sollten uns daran erinnern, dass Malthus kein Demograf war, sondern ein Philosoph, der die Unmöglichkeit einer klassenlosen Gesellschaft vertrat. Wenn vorbeugende Hemmnisse das Bevölkerungswachstum eindämmen können, oder wenn es möglich ist, die Lebensmittelproduktion rascher auszuweiten als die Bevölkerung wächst, wie konnte Malthus dann an seinem Argument gegen die Gleichheit festhalten? Müsste man nicht vernünftigerweise sagen, dass unter diesen Bedingungen genug Nahrungsmittel vorhanden sind, um jedem seinen gerechten Anteil zukommen zu lassen?

In der Tat. Malthus besteht jedoch darauf, dass dies ein unglückliches Ergebnis wäre. Was Malthus nicht einzugestehen bereit ist, ist nicht, dass wir in der Lage sind, unsere Anzahl zu begrenzen, sondern dass wir das tun *und dennoch glücklich sein* können. Vorbeugende Hemmnisse sind Malthus ein Gräuel. Er schreibt: »[E]s fällt schwer, sich irgendein Hemmnis des Bevölkerungswachstums vorzustellen, das nicht als eine Form von Elend oder Laster zu beschreiben wäre.«[38] Malthus kritisiert den französischen Philosophen Condorcet, demzufolge es Menschen möglich ist, sowohl ihre Anzahl zu begrenzen als auch ihren Sexualtrieb zu befriedigen, indem er antwortet, dies sei nur erreichbar unter Rückgriff auf ein lasterhaftes, »ungezügeltes Konkubinat [...], das der Zeugung vorbeugen würde, sowie auf andere, ebenso *unnatürliche* Dinge.«[39] Mit anderen Worten: Malthus betrachtete vorbeugende Hemmnisse als unnatürlich.

Was verstand Malthus unter (un)natürlich? Das ist eine entscheidende Frage, wenn wir die von Malthus entworfene Welt verstehen wollen. Malthus war ein Priester. »Natürlich« war für ihn, was Gott wünscht, da Gott Schöpfer der Natur ist. Und Gott wünscht, dass die Menschen die Erde bevölkern (daher die »natürliche«, geometrische Rate des Bevölkerungswachstums). Sex ohne Kinder verstößt gegen Gottes Wunsch und ist daher unnatürlich. Im Buch Genesis sagt Gott zu den Menschen: »Seid fruchtbar und mehret euch und füllet die Erde und machet sie euch untertan.« Die Menschen sollen also nicht untätig herumsitzen und lediglich die Früchte der Erde genießen. Gott, so suggeriert Malthus, ist vorausschauend und sorgt dafür, dass die Menschen von Natur aus seinen Befehlen folgen. Das Zölibat, die einzige moralische Alternative zum Laster, bringt Unglück. Was wir vielleicht als »Freizeitsex« bezeichnen würden, war für Malthus eine unmoralische Handlung, ein »Laster«. Daher führt es zu Krankheit, was die Summe des Unglücks steigert.

Wir können nun Malthus' Widerstand gegen die Geburtenkontrolle besser verstehen. Wäre es ihm darum gegangen, die Zahl der Menschen innerhalb der Grenzen der verfügbaren Ressourcen zu halten, hätte er die Empfängnisverhütung befürwortet oder stillschweigend gutgeheißen. Das tat er jedoch nicht, und er ignorierte auch entsprechende Bitten seiner Zeitgenossen.[40] Es war ja nicht der Fall, dass Menschen vor der Erfindung moderner Verhütungsmittel nicht in der Lage gewesen wären, Sex zu haben, ohne Kinder zu zeugen. Malthus war sich auch über die Existenz gesundheitlich unbedenklicher Verhütungsmethoden im Klaren. Die Konkubinen und Sexarbeiterinnen, auf die er im *Essay* hinweist, zeugten nicht etwa unzählige Kinder. Sie taten dies ebenso wenig wie Ehepaare, die sich keine weiteren Kinder leisten konnten, oder Personen mit außerehelichen Liebschaften, wie sie in Malthus' Kreisen üblich waren. In seinem Widerstand gegen Empfängnisverhütung und Freizeitsex gab sich Malthus zugleich als Pastor und als Ökonom. Er lehnte die Empfängnisverhütung ab, weil sie den Anreiz zu einem fleißigen Leben aufheben würde, dessen es bedürfe, um die Erde zu bevölkern. Gott wünsche ja, dass wir arbeiten und die Erde bevölkern.

Malthus' logisches Argument beruht also auf der theologischen Prämisse, unsere Natur und Gott würden von uns verlangen, dass wir die Erde entsprechend einer geometrischen Zuwachsrate bevölkern, und dass es also widernatürlich und daher gottlos sei, unser Bevölkerungswachstum derart zu begrenzen, dass es unterhalb dieser Rate bleibt. Das Fazit ist dabei bereits in der Prämisse enthalten: Die Welt ist begrenzt und kann nicht geteilt werden, da Gott uns unbegrenztes Wachstum aufgegeben hat. Wir können uns nicht ohne Leid begrenzen, doch Leid ist Teil der göttlichen Vorsehung. Gott will, dass wir leiden, weil wir ohne den Anreiz, das Leid zu mindern, nicht ausreichend arbeiten würden, um die Erde bevölkern zu können.

Ich gelange zu dem Schluss, dass Malthus nicht falschlag, weil er Technik und Wachstum unterschätzt hätte, denn das war nicht der Fall. Malthus lag auch nicht falsch, weil er nicht erkannt hätte, dass wir unsere Anzahl begrenzen können. Er sah diese Option, hielt sie aber für widernatürlich, unmoralisch und elendig. Malthus lag falsch, weil er nicht bereit war sich vorzustellen, dass wir unsere Anzahl begrenzen und außerdem noch glücklich sein können: dass wir Sex und Spaß haben, dass wir das Leben genießen können, ohne Dutzende von Kindern zu zeugen und ohne uns dabei auf unmoralische oder widernatürliche Weise verhalten zu müssen. Malthus konnte sich keine Zukunft vorstellen, in der Frauen sexuell freizügig leben, ohne Kinder zu zeugen, ohne Sexarbeiterinnen zu sein, ohne jemanden täuschen zu müssen und ohne dass infolge ihres Verhaltens irgendwer zu leiden hätte. Vor allem wollte er sich dies nicht vorstellen, denn wenn er es getan hätte, wäre er gezwungen gewesen, zuzugeben, dass es genug von allem geben könnte, um jedem Menschen einen angemessenen Anteil zu gewähren.

In den Jahrzehnten vor der Niederschrift des *Essay* war das Bevölkerungswachstum in England rückläufig.[41] Silvia Federici zufolge war dieser Bevölkerungsrückgang das Ergebnis nicht nur von Epidemien, Kriegen und Krankheiten, sondern auch davon, dass Frauen stillschweigend die Kontrolle über ihre eigenen Körper durch- und sich Männern sowie der Kirche widersetzten.[42] Der Frühkapitalismus sah sich durch das geringe Bevölkerungswachstum begrenzt, denn es sorgte für hohe Lohnkosten. Wie Federici dokumentiert, waren natalistische Staatspolitiken und die Hexenverfolgung Bestandteile eines frauenfeindlichen Gegenangriffs der Kirche und der Eliten. Malthus war mit seiner Befürwortung eines stärkeren Bevölkerungswachstums nicht allein. Der prominente Theologe William Paley, Malthus' Mentor in Cambridge, schrieb bereits 1790, acht Jahre vor der Veröffentlichung des *Essay*: »Der Verfall der Bevölkerung ist das größte Übel, das der Staat erleiden kann, und die Verbesserung derselben das Ziel, das [...] vor jedem anderen politischen Zweck angestrebt werden sollte.«[43]

Der Frühkapitalismus musste die Anzahl seiner Arbeitskräfte steigern, und er benötigte eine protestantische Arbeitsethik; Malthus bot ein Narrativ, das den vermeintlichen Willen Gottes mit dem der Fabrikbesitzer in eins fallen ließ. Und er verteidigte die Vorstellung, gegen die Armut interveniere man am besten überhaupt nicht,[44] während er zugleich behauptete, als Christ lägen ihm die Armen am Herzen. Die zahlreichen, von den Armenspeisungen der Gemeinden abhängigen Menschen waren in seinen Augen nicht dadurch in diese Lage gekommen, dass man sie von eingehegtem Land vertrieben hatte, sondern dadurch, dass sie zu viele Kinder gezeugt hatten.

Die Gründe, aus denen Malthus falschlag, haben politische Konsequenzen, die nach wie vor relevant sind. Diejenigen, die behaupten, Malthus habe falschgelegen, weil er unser technologisches und unser Wachstumspotenzial unterschätzt habe, reproduzieren ebenjenes Denken, das Malthus' Ansatz rechtfertigen soll. Es war Malthus, der sich eine begrenzte Welt vorstellte, um dem Wachstum das Wort zu reden. Ihm schwebte keine Begrenztheit der Ressourcen vor, sondern eine dauerhafte Begrenzung der Befriedigung unserer grenzenlosen Bedürfnisse. Mill und Keynes, aber auch Marx und Engels haben auf die Bedenken von Malthus mit der Prognose reagiert, in Zukunft werde es genug für alle geben, da wir dann mehr produzieren würden. Engels sorgte sich, der Sozialismus müsse nicht auf eine Abschaffung, sondern auf eine Verallgemeinerung der Armut hinauslaufen, wenn Malthus Recht hätte, und stellte fest: »Es wird zu wenig produziert, daran liegt die ganze Sache.«[45] Mills stationäre Wirtschaft, die Entwicklung der Produktivkräfte bei Marx und Engels oder später die postindustrielle Zukunft bei Keynes (eine Zukunft, in der es ein jahrzehntelanges Wachstum den Enkelkindern von Keynes ermöglichen sollte, nur wenige Stunden in der Woche arbeiten zu müssen): Ihnen allen liegt die Vision einer Überwindung der Knappheit durch Ausweitung der Produktion zugrunde; den Ertrag gelte es dann so zu verteilen, dass jeder Mensch genug habe.

Um es aber mit Nicholas Xenos zu sagen: »Indem er sich darauf verlässt, dass wirtschaftliche Kräfte sich selbst überwinden werden, wartet Keynes, wie Marx und Mill vor ihm, auf Godot.«[46] Die technologischen Kräfte, von denen eine Überwindung der Knappheit erwartet wird, erweitern neben der Produktion auch die Bedürfnisse, womit sie sicherstellen, dass es nicht genug für alle gibt und auch niemals geben wird. Um würdevoll zu leben und zu sterben, muss der Durchschnittsmensch heute Ressourcen mobilisieren, die sich selbst der Adel zu Malthus' Zeit nicht hätte träumen lassen. Der Fokus auf das Wachstum akzeptiert den Mythos der Knappheit, ein Metanarrativ zur Legitimierung der vorherrschenden Institutionen, die sich als die einzigen inszenieren, die gegen Knappheit und Mangel vorgehen könnten. Eine Kritik dieser Institutionen bleibt zwar möglich,

> doch nur auf der Grundlage eines Zeitpunkts, der stets in der Zukunft liegt, aufgrund der Funktionsweise gesellschaftlicher Bedürfnisse, sodass die Kritik eigenartigerweise stets in einer Bejahung der Institutionen der Knappheit mündet, bei gleichzeitiger Postulierung einer anders beschaffenen Zukunft, die von diesen Institutionen ermöglicht werde.[47]

Marx und Engels, Mill und Keynes können nicht in einen Topf geworfen werden. Doch ihre (unbeabsichtigte) Akzeptanz von Malthus' Annahmen könnte einiges zur Erklärung des Konsenses beitragen, der zwischen unterschiedlichen geistigen und politischen Strömungen herrscht, was die Ablehnung von Grenzen angeht.

Malthus' Welt gehört noch nicht der Vergangenheit an. Es ist eine begrenzte Welt, eine Welt der Knappheit, in der unbegrenzte menschliche Bedürfnisse einer Umwelt gegenüberstehen, die mit dieser Unbegrenztheit niemals gleichziehen kann. Heute ist

> die allgemein akzeptierte Grundlage unserer Wirtschaft die vermeintliche Möglichkeit von grenzenlosem Wachstum, grenzenlosen Bedürfnissen, grenzenlosem Reichtum, grenzenlosen natürlichen Ressourcen, grenzenloser Energie und grenzenlosen Schulden. [...] Alle haben das Recht, unbegrenzt nach dem zu streben, was sie für wünschenswert halten.[48]

Malthus kam auf diese begrenzte Welt der grenzenlosen Expansion, gerade als der Kapitalismus die Produktion von Gütern in einem nie gesehenen Ausmaß und Tempo ankurbelte. Er begründete, warum die neuen Reichtümer nie gleichmäßig von allen geteilt werden könnten und warum es von ihnen nie genug geben werde. Das Geniale an seiner Idee war, dass er es schaffte, Knappheit mit Wachstum vereinbar zu machen, Grenzen mit Grenzenlosigkeit. Damit gelang es ihm, einerseits zu argumentieren, dass es nicht genug für alle gibt, wir also mehr produzieren müssen, andererseits aber auch zu behaupten, dass es selbst nach Ausweitung der Produktion nicht genug für alle geben werde. Auf dem Planeten Malthus kann »[d]er Mensch [...] nicht inmitten von Überfluß leben.«[49] Eine stabile oder schwindende Bevölkerung kann nur Ergebnis von großem Leid, von Elend und Laster sein. Nach Malthus' Schema kann es in einem stabilen Zustand keinen Überfluss geben.

Malthus war also keineswegs der Entdecker einer Begrenztheit unserer Ressourcen. Er erfand vielmehr die grenzenlosen – und unbegrenzbaren – Subjekte der modernen Ökonomie, mit ihrem Arbeitsinstinkt und ihrer Berufung nicht nur zur Arbeit, sondern auch zur Unterwerfung und Bevölkerung der Erde. Für den Homo oeconomicus, der keine Grenzen kennt, ist die Welt bereits per Definition begrenzt. Diese Menschen werden niemals alles haben können, was sie wollen. Und es wird niemals für sie alle genug geben. Anders als die Welt des Überflusses, die sich die Romantiker, die anderen wichtigen Vorläufer der Umweltbewegung, staunend vorstellten, ist die von Malthus erfundene Welt eine geizige. Und sie ist geizig, weil unsere Bedürfnisse stets übermäßig sind.

Es ist dieses Dogma der Unzulänglichkeit oder Knappheit, das die Ökonomie – jene Wissenschaft, die entstanden ist, um den Kapitalismus zu erklären, zu rechtfertigen und zu stabilisieren – zu ihrem Prinzip gemacht hat. Die Ökonomen haben Malthus' Ideen in Reaktion auf den Wandel der Zeit angepasst und verfeinert. Ihr Zweck ist jedoch derselbe geblieben: Es geht darum, den Fortbestand von Armut inmitten von Reichtum zu erklären und die Unmöglichkeit einer gleichberechtigten Gesellschaft zu beweisen. Der freie Markt soll gerechtfertigt und grenzenloses Wachstum als der einzige Weg nach vorne ausgegeben werden.

2. Ökonomie: Grenzenlose Knappheit

Robinson Crusoe blickte mit Genugtuung auf sein Anwesen. Vor Jahren hatte ihn das Meer auf dieser Insel an Land gespült, und Gott sei Dank fehlte es ihm jetzt an nichts mehr. Wie ein guter Engländer hatte er ein eigenes Haus mit Zaun, reichlich Obst zum Pflücken, eiserne Werkzeuge für die Jagd oder den Anbau von Gerste und Reis, Trauben für den Wein, Ziegen für die Milch, einen Papagei zu seiner Unterhaltung und neuerdings auch noch »Freitag«, einen dienstbaren Gefährten (der ihn an die Sklaven aus Afrika erinnerte, die er beim Schiffbruch verloren hatte – ob sein Anwesen in Brasilien wohl auch ohne sie Gewinn machen würde?).

Ist Robinson zufrieden? Ist es für ihn Zeit, sich zu entspannen? Nein! Das Leben ist kurz, und der Tag hat nur 24 Stunden. Soll er dem Papagei lauschen, oder die Bibel lesen? Das Feld pflügen, oder Freitag Englisch und das Evangelium beibringen? Soll er weitere Speere anfertigen, für den Fall, dass die Kannibalen wieder vorbeikommen? Die Aufgaben, denen er sich an einem Tag widmen kann, sind begrenzt. Nächsten Monat, nachdem er mit den Speeren fertig geworden ist und Freitag verdammt noch mal einen englischen Satz über die Lippen bringt, wird er vielleicht Zeit haben, um eine Pause einzulegen.

Malthus bezog seine Inspiration aus dem Buch Genesis, doch viele spätere Ökonomen ließen sich in ihren Theorien von Daniel Defoes 1719 erschienenem Roman *Robinson Crusoe* anregen. In seinem grundlegenden, 1932 erschienenem *Essay on the Nature and Significance of Economic Science* (»Essay über Wesen und Bedeutung der Wirtschaftswissenschaft«) schreibt Lionel Robbins: »Die Untersuchung des Verhaltens eines Crusoe kann als Hilfsmittel für weiterführende Studien ungemein erhellend sein.«[1] In seinem *Essay* definiert Robbins die Ökonomie als »die Wissenschaft, die menschliches Verhalten als Beziehung zwischen Zwecken und knappen Mitteln mit unterschiedlichen Verwendungsmöglichkeiten begreift«.[2]

Die dem Knappheitspostulat zugrunde liegende Vorstellung lautet, dass die Anzahl der Dinge, die wir wollen, unbegrenzt, unsere Zeit jedoch begrenzt ist. Knappheit ist der Grund, weshalb wir haushalten. Und die Ökonomie ist die Wissenschaft vom Haushalten. Der isolierte Mensch, der alles maximiert, was ihm nützlich ist, wurde zum Grundstein dessen, was man später als neoklassische Wirtschaft bezeichnen sollte. Neoklassische Ökonomen entwickelten mathematisch komplexe Modelle, um das Verhalten des Homo oeconomicus zu beschreiben: eines modernen Robinson Crusoe, der danach strebt, seine begrenzte Zeit optimal zu nutzen.

Die meisten Ökonomen würden sagen, dass diese neue Ökonomie nichts mit Malthus zu tun habe. Malthus, so wird ihnen ein Ökonom erklären, habe Recht gehabt, was seine Welt anging, die gehöre aber seit der Industriellen Revolution und der neuen analytischen Ökonomie der Vergangenheit an. Diese neue Ökonomie sei die Aufschlüsselung einer neueren Welt.[3] Malthus, so heißt es, habe den Todeskampf einer düsteren Welt der Grenzen beschrieben, während die neue Welt des industriellen Wachstums keine Grenzen kenne. In der alten Welt sei die Natur die Grenze gewesen; in der neuen Welt gebe es keine absolute Grenze, nur verschiedene Möglichkeiten, unsere Zeit zu nutzen.

Dass Malthus in der Geschichte der Ökonomie als Sonderfall behandelt wird, ist seltsam. Malthus war der weltweit erste Lehrstuhlinhaber für politische Ökonomie, wenn nicht sogar der erste Berufsökonom. Die neue oder neoklassische Ökonomie »steht tief in der Schuld von Malthus' kleiner Flugschrift: Ihr Ton und ihre Reichweite waren ausgeprägt malthusianisch.«[4] Die Prämissen unbegrenzter menschlicher Bedürfnisse und einer natürlichen, allgemeinen Knappheit; die Betonung von Fleiß und Wachstum als Antworten auf Knappheit; die Verteidigung der Ungleichheit auf der Grundlage, sie fördere den Fleiß; die scheinbare Sorge um das größtmögliche Gut für die größtmögliche Anzahl Menschen; die Ablehnung der Umverteilung, da sie ihre eigenen Zwecke verfehle: Diese malthusianischen Dogmen werden bis heute bemüht, um gegen wohlfahrtsstaatliche Politik und moderne Armengesetze vorzugehen.

Malthus' Werk ist, wie das vieler heutiger Ökonomen, ideologisch: Die Ansicht, eine Gesellschaft von Gleichen sei unmöglich, wird logisch »bewiesen«.[5] Dieses Werk ging bei der Entwicklung seines Ansatzes von einer simplen Fabel, der des Sündenfalls, aus. Wichtiger ist jedoch, dass Malthus die Kernvorstellung der neuen Disziplin entwickelte: Knappheit. Als Prophet unbegrenzter Bedürfnisse, und nicht etwa als Prophet der Grenzen, zählt er zu denen, die die Vorstellung einer dauerhaften, unüberwindbaren Knappheit erfunden haben. Es stimmt: Malthus' zwanghafte Beschäftigung mit Bevölkerung und Nahrung erschien weniger sinnvoll, sobald man die Produktion ausgeweitet hatte und es seltener zu Engpässen kam. Das Bevölkerungswachstum verlangsamte sich, fossile Brennstoffe und die Expansion in die Kolonien ließen die Welt wieder grenzenlos erscheinen (zumindest für Menschen aus dem Westen). Doch die Frage, die Malthus als erster wegzuerklären versucht hat, blieb relevant: Warum gibt es immer noch Armut inmitten von so viel Reichtum? Wenn alles grenzenlos ist, warum stoßen die meisten von uns dann dennoch auf unüberwindbare Grenzen? Wann wird es genug für alle geben?

»Niemals«: So lautete und lautet die Antwort der trübsinnigen Wissenschaft. Um aber an dieser Antwort festzuhalten, mussten Ökonomen Malthus' alte Theorie den neuen Zeiten anpassen.

Relative und absolute Knappheit

Die Ökonomie hielt an Malthus' Prämisse grenzenloser menschlicher Bedürfnisse fest, anstatt aber von der Zeugung zu sprechen, also von einem Instinkt, den zu zügeln die Menschen offensichtlich in der Lage waren, postulierte die Wissenschaft einen grenzenlosen Wunsch zu tun und zu haben, also zu produzieren und zu konsumieren.[6] Aus knappen Lebensmitteln wurde knappe Zeit, was der neuen, von Stadtbewohnern gemachten Erfahrung des Zeitmangels gerecht wurde.

Lionel Robbins' 1932 erschienener *Essay* steht für diesen Übergang von der malthusianischen zur neoklassischen Knappheit: »Der Mensch will sowohl ein reales Einkommen als auch Freizeit«, doch »er hat weder von dem einen noch von dem anderen genug, um seinen Bedarf an beidem vollständig zu decken.«[7] Wir seien »empfindungsfähige Wesen«, so Robbins weiter,

> mit Bündeln von Wünschen und Sehnsüchten, mit Unmengen instinktiver Tendenzen, die uns alle auf unterschiedliche Weise zum Handeln drängen. Die Zeit, um diesen Tendenzen Ausdruck zu verleihen, ist jedoch begrenzt. Die Außenwelt bietet nicht die Möglichkeiten für ihre vollständige Verwirklichung. Das Leben ist kurz, die Natur knauserig, und unsere Mitmenschen sind damit beschäftigt, ihre eigenen Ziele zu verfolgen. Dennoch können wir unser Leben für verschiedene Zwecke nutzen, können auf unsere Ressourcen und die Dienste anderer zurückgreifen, um eine Vielzahl von Zielen zu erreichen.[8]

In meinem Fachgebiet der ökologischen Ökonomie – einer ganz anderen Art von Ökonomie als der neoklassischen, da wir die Wirtschaft nicht als einen Fluss von Geld, sondern von Energie und Materie begreifen – unterscheiden wir die malthusianische oder absolute Knappheit, eine Endlichkeit der Mittel (Nahrungsmittel, natürliche Ressourcen), von der neoklassischen oder relativen Knappheit, einer Knappheit der Mittel zur Befriedigung unserer Wünsche. Malthus' Knappheit rührte jedoch, wie wir gesehen haben, nicht von der Begrenztheit der Nahrungsmittel her, sondern vom unbegrenzten Sexualtrieb der Menschen. Malthus hatte also keine absolute Knappheit im Sinn. Er glaubte, das Nahrungsmittelangebot und die Ressourcennutzung könnten grenzenlos wachsen. Die von ihm beschriebene Knappheit ist relativ, das Ergebnis von unterschiedlichen Raten des Bevölkerungswachstums und der Nahrungsmittelproduktion. Malthus postuliert, dass es nicht ausreichend Nahrungsmittel gibt, um eine unbegrenzte Anzahl von Kindern zu ernähren, Robbins hingegen, dass es nicht genügend Zeit gibt, um die unbegrenzte Anzahl von Dingen zu tun, die wir tun wollen. Für beide gibt es nicht genug – weder Nahrung noch Zeit – um alles zu tun, und wir wollen alles ohne Einschränkungen. *Unsere Welt ist begrenzt, weil unsere Wünsche grenzenlos sind.* In dieser begrenzten Welt kennt nur die Knappheit keine Grenzen.

Robinson Crusoe landete auf einer Insel des Überflusses, erzählt Robbins, aber er musste sich immer noch entscheiden, ob er seine Zeit dem Anbau von Feldfrüchten oder dem Gespräch mit seinem Papagei widmen wollte. Er konnte nicht beides auf einmal tun. Die Knappheit folgte ihm ins Paradies. Und Malthus behauptete, auf Erden könne es überhaupt kein Paradies geben.

Diese Erzählung über Knappheit ist jedoch, wie die von Malthus, zirkulär oder tautologisch. Sie beginnt mit der Annahme, der Wunsch der Menschen, etwas zu tun oder zu haben, sei grenzenlos. Daraus wird Knappheit gefolgert, die Wachstum rechtfertigt, welches wiederum das grenzenlose Wollen und Streben der Menschen rechtfertigt. Tatsächlich ist Wachstum ein spezifisches Bedürfnis des Kapitalismus – eines Systems, das auf Profitsteigerung angewiesen ist. Mit der Erfindung der Knappheit ist Wachstum naturalisiert und sakralisiert worden. Man hat es der menschlichen Natur eingeschrieben (Wachstum ist das, was Menschen im Allgemeinen, und nicht etwa nur Ökonomen oder Kapitaleigentümer wollen). Die Ursprünge dieser Annahme sind heilig: der Wille Gottes für Christen wie Malthus, und für liberale Ökonomen das Geburtsrecht des Menschen, jedes Ziel zu verfolgen, das er sich gesetzt hat. Die dem zugrunde liegende Prämisse ist stets dieselbe: Die Menschen wollen so viel wie möglich. Und das Fazit lautet: Das sollten sie auch.

Die Ökonomie hat Malthus' Erzählung über allgemeine und natürliche Knappheit perfektioniert und die Verstetigung grenzenlosen Wachstums gerechtfertigt – ein Ziel, das ansonsten keinen Sinn ergeben würde.[9] Doch die zugrunde liegende Prämisse ist ziemlich absurd.

In einem halbsatirischen Stück über die Ökonomie des Jenseits bemerkt Scott Gordon, dass wir im Himmel selbst, wenn die Zeit unendlich wäre und wir alles tun könnten, was wir wünschen, insofern noch unter Knappheit zu leiden hätten, als wir immer nur einer Tätigkeit auf einmal nachgehen könnten: Wir würden also nicht gleichzeitig Harfe spielen und schwimmen gehen können, wie er formuliert. Um wahren Überfluss zu gewährleisten, müsste die Zeit im Himmel nicht unendlich lang, sondern unendlich breit sein, argumentiert Gordon. Nur dann wären wir in der Lage, eine unendliche Anzahl von Dingen zu tun, und zwar gleichzeitig, sodass die Unendlichkeit zu einem einzigen Augenblick komprimiert würde.[10] In Ermangelung dieses unendlichen Augenblicks werden wir es stets mit Knappheit zu tun haben. (Dieser Gedanke erinnert mich an Wendell Berry, der in seinem Aufsatz »Faustian Economics: Hell Hath No Limits« bemerkt: »Für diejenigen, die den Himmel ablehnen, ist die Hölle überall und damit grenzenlos. Für diese Menschen ist sogar der Gedanke an den Himmel die Hölle.«[11])

Erst aus dieser eigentümlichen, für Ökonomen als selbstverständlich geltenden Sichtweise ergibt die seltsame Vorstellung von »Verzichtskosten«, ein Grundbegriff des Fachs, einen Sinn. »Jede Handlung, die Zeit und knappe Mittel für die Erreichung eines Ziels beinhaltet, beinhaltet auch den Verzicht auf den Einsatz dieser Mittel für die Erreichung eines anderen Ziels«, schreibt Robbins.[12]

Einfach gesagt: Alles, was wir tun, hat einen Preis, nämlich den, etwas anderes nicht zu tun. Das ergibt einen Sinn, wenn wir wie Robbins davon ausgehen, dass wir eine unbegrenzte Anzahl von Dingen tun wollen und uns nicht damit zufriedengeben können, nur einer Tätigkeit auf einmal nachzugehen. In dieser begrenzten Welt mit ihren grenzenlosen Bedürfnissen wird es nie eine Ruhepause geben, kein Paradies, nicht einmal nach dem Tod.

Knappheit wird Realität

Niemand außer den Ökonomen hat jemals gedacht, wir würden in jedem Augenblick unseres Lebens eine unbegrenzte Anzahl von Dingen tun wollen, genauso wie niemand außer Malthus jemals behauptet hat, wir würden so viele Kinder wie möglich zeugen wollen. Zweifellos liegt es in unserer Natur, viele verschiedene Dinge zu wünschen, und eine Sache zu tun bedeutet, eine andere nicht zu tun. Aber es liegt auch in unserer Natur, zu wählen oder eine Grenze zu suchen und zu setzen, um uns mit dem, was wir haben, zufriedenzugeben. (Tatsächlich gibt es kein Tier, dass sich unbegrenzt fortpflanzt oder dauerhaft arbeitet, um mehr und mehr zu produzieren.[13]) Diese frenetische »Realität« des ökonomischen Modells entspricht jedoch zunehmend unserer gelebten Erfahrung: Die Zeit wird immer knapper, da die Vorgaben des Modells die von ihm beschriebene Welt nach dem eigenen Abbild gestalten.

Milton Friedman verteidigte berüchtigterweise die Annahmen der neoklassischen Ökonomie mit der Begründung, eine Annahme sei anhand einer Prüfung ihrer Prognosen zu beurteilen, nicht anhand ihres Realismus.[14] Nicht jeder sei Robinson Crusoe, aber um eine Wirtschaft in einem wissenschaftlichen Modell abzubilden, müsse man vereinfachen. Wenn wir dank der Annahme, dass wir uns nach Art des Homo oeconomicus verhalten, eine brauchbare Darstellung der Welt entwickeln, dann sei doch alles in Ordnung, suggeriert Friedman. Modelle sind jedoch häufig nicht falsifizierbar. Nehmen wir beispielsweise das von Malthus. Dass die Bevölkerung nicht schneller wachsen kann als die Menge an Nahrungsmitteln ist eine Binsenweisheit: eine Tatsache und keine Prognose. Widerlegen die Realität und ein Modell eine unplausible Prognose (beispielsweise, dass sich die Bevölkerung exponentiell vergrößern könnte, auf heute 256 Milliarden Menschen), dann wird der Rest des Modells nicht bereits dadurch plausibel. Es wird lediglich eine (zweifellos interessante) Tatsache festgestellt, nämlich die, dass eine entsprechend ihrer natürlichen Wachstumsrate anschwellende Bevölkerung mittlerweile eine unvorstellbare Größe erreicht haben müsste, was bedeutet, dass irgendein Hemmnis am Werk ist. Auch die grundlegende neoklassische Annahme, Individuen würden ihren Nutzen maximieren, wird scheinbar durch die Tatsache bestätigt, dass sie Grundlage einer Theorie von Angebot und Nachfrage ist, durch die sich die Preisbildung erklären lässt. Doch ist noch niemand in der Lage gewesen, »Nutzen« zu messen, sodass man untersuchen könnte, ob tatsächlich ein Zusammenhang zur Preisbildung besteht. Die Behauptung, der Nutzen offenbare sich in der Preisbildung, ist eine Tautologie, solange die Preisbildung das einzige Mittel bleibt, anhand dessen wir ermitteln können, für wie nützlich wir etwas halten.

So unrealistisch solche Annahmen auch sein mögen: Das Knappheitsnarrativ trifft auf eine tatsächliche Erfahrung der Knappheit, die von der Theorie gerechtfertigt, wenn nicht gar herbeigeführt wird. Die analytische Ökonomie kam mit der Industriellen Revolution und dem Kapitalismus auf. Der Begriff der Knappheit entstand in einem

Kontext nie dagewesener sozialer Mobilität und präzedenzlosen Wohlstands.[15] Die Religion war auf dem Rückzug und feudale Aristokratien büßten ihre Macht ein. Wünsche und materielle Erwartungen wurden von den Grenzen der Sitte, der Klasse und der Religion befreit. Das neue Bürgertum fühlte sich legitimiert, alles zu wollen, und der Rest strebte danach, im bürgerlichen Stil zu leben. Status, signalisiert durch Konsum, ersetzte die festen sozialen Positionen der Klasse, besonders in der Anonymität der Städte. Die psychologische Erfahrung der persönlichen Knappheit – nicht so viel zu haben wie der Nachbar oder die Leute, von denen man in der Zeitung liest – war durchaus real. Doch diese soziale Knappheit, die auf dem Vergleich beruhte, war nur eine Seite der Medaille; die andere war die sehr reale Erfahrung materieller Armut, da die Bauern im Zuge der Einhegung ihres Landes enteignet wurden und in den Fabriken endeten, oder als Empfänger von Nahrungsmittelhilfe, oder in den Arbeitshäusern.[16]

Diese beiden Knappheitserfahrungen – positionelle Ungleichheit und prekärer Zugang zu Grundgütern – verstärken sich bis heute gegenseitig. Die Einhegung der Allmende macht uns abhängiger von Lohnarbeit, während unsere Position in der sozialen Hierarchie durch unsere Fähigkeit, Güter zu erwerben, angezeigt wird. Dabei geht es nicht nur um übertriebene, irreale oder ostentative Bedürfnisse, bei denen es nicht allzu schlimm ist, wenn sie nicht befriedigt werden. Das heißt, nahe am gesellschaftlichen Durchschnitt zu konsumieren ist keine Frage der Prahlerei, sondern eine der Selbstachtung oder der Anpassung an das, was nach Meinung der Mitmenschen als würdiges Leben gilt. Die Konkurrenz um begrenzte Positionsgüter erhöht den Preis dieser Güter und verlagert Ressourcen aus dem öffentlichen oder gemeinsamen in den privaten, nur über

Geld zugänglichen Bereich. Auf diese Weise wird Armut inmitten von Reichtum reproduziert.[17]

Im Kapitalismus kann der ständig wachsende Reichtum die Armut oder die Erfahrung von Knappheit nicht aufheben. Menschen stoßen immer an persönliche Grenzen, wenn sie ihren Besitz mit dem von anderen Menschen vergleichen, die ihnen in der sozialen Hierarchie übergeordnet sind; das Versprechen des Systems, grenzenlos zu expandieren, hält die Hoffnung am Leben, morgen mehr zu haben und eher wie die Reichen zu leben. Die medizinische Versorgung der Armen ist heute viel besser als die eines Aristokraten zu Malthus' Zeiten, und doch erleben wir reelle Knappheit, wenn wir die Behandlung der tödlichen, aber behandelbaren Krankheit eines geliebten Menschen nicht bezahlen können, während ein Reicher es kann. Ungleichheit verstärkt Knappheit.

Eine gerechte Aufteilung der Allmende könnte diese Knappheit lindern, da die Menschen Zugang zu jenem Minimum hätten, das sie zum Überleben benötigen, und sich weniger mit anderen vergleichen würden, die Zugang zur selben Allmende haben. Doch in Malthus' Aufsatz und einem Großteil der nach ihm entstandenen Ökonomie wird die Erfahrung von Knappheit derart theoretisiert, dass Akkumulation und Wachstum antizipiert, Teilen und Gleichheit jedoch abgelehnt werden.

Bei oberflächlicher Betrachtung erscheint Malthus' Welt voller Grenzen ganz anders als die Welt unbegrenzter Freiheit und Expansion, die uns von der modernen Ökonomie präsentiert wird. Wie ich aber argumentiert habe, waren die Grenzen von Malthus' Welt besonderer Art: Sie betrafen hauptsächlich die Armen, und das im Namen grenzenloser Expansion. Das unterscheidet sich nicht von dem »Wir-dürfen-nicht-über-unsere-Verhältnisse-leben«-Narrativ derjenigen, die sich heute für Austerität aussprechen. (Was sie meinen, wenn sie »wir« sagen, ist: »*Du* darfst nicht über deine Verhältnisse leben!«) Malthus zufolge sollte man armen Menschen nicht helfen, mehr als ihren begrenzten Anteil an Nahrung in Anspruch zu nehmen. Nur wenn man dies unterlasse, würden sie ihren grenzenlosen Zeugungstrieb derart bremsen, dass er dem entspreche, was sie produzieren, oder aber härter arbeiten, um mehr zu produzieren. Auch die heutigen Befürworter wirtschaftlicher Austerität sprechen sich dagegen aus, arme Menschen durch Wohlfahrt zu unterstützen, mit der Begründung, diese Menschen würden mehr konsumieren, als sie produzieren, anstatt härter zu arbeiten, um mehr zu produzieren (und zu konsumieren). Ökologen haben die neoklassischen Ökonomen für ihre Vorstellung einer »leeren Welt« kritisiert, also für die Vorstellung einer Welt ohne Ressourcengrenzen. Aber paradoxerweise ist die Welt der Ökonomen seit Malthus eine volle Welt, so voll, dass es in ihr nie Platz für die Armen gegeben hat. Das Schiff kann immer größer werden, doch es wird auch immer voll bleiben.

Eine Frage bleibt: Warum haben die Ökonomen Malthus in die Vorgeschichte der Disziplin verbannt? Ich vermute, es liegt daran, dass Malthus hervorragend als Schreckgespenst dient, um das sich ein Vorher/Nachher-Narrativ spinnen lässt. Malthus' Welt der Nahrungsmittelknappheit und Hungersnöte wird dann zum »Vorher« einer kapitalistischen Welt des Überflusses: ein Vorher, zu dem wir zurückkehren könnten, wenn wir den Fuß vom Gaspedal nehmen. Wie Paul Krugman es ausdrückt:

> Erst mit der industriellen Revolution sind wir endgültig aus der [Malthus'schen] Falle entkommen (falls wir das tatsächlich getan haben sollten, denn nach allem, was

wir wissen, werden die Historiker des 35. Jahrhunderts die Zeit von 1800 bis etwa 2020 als Anomalie betrachten).[18]

Es gibt sogar einen Bereich der Ökonomie, die »einheitliche Wachstumstheorie« (*unified growth theory*), der sich auf den Übergang von einer sogenannten malthusianischen Falle zu nachhaltigem Wachstum spezialisiert hat.[19] In dieser Literatur werden Zivilisationen ohne Wachstum, wie es sie in hunderten von Jahren vorkapitalistischer Menschheitsgeschichte gegeben hat, als in einer »malthusianischen Falle« gefangen angesehen, als Opfer einer »malthusianischen Stagnation«.

Diese Begriffe suggerieren einen unerwünschten Zustand, aus dem diejenigen, die ihn erlebten, fliehen wollten. Es gibt jedoch keine historischen Belege dafür, dass frühere Zivilisationen sich selbst als in der Stagnation gefangen begriffen hätten. Bei Plutarch oder Thukydides zum Beispiel findet man eine antike griechische Welt der Philosophie, der Demokratie und der Sonne (mit einem gelegentlichen Blutbad). Es gibt keine Klagen über Stagnation, vorzeitige Todesfälle oder geringe Lebenserwartung. Dies sind moderne Sorgen (obwohl Frauen und Sklaven natürlich andere Lebensgeschichten hatten als die von Plutarch oder Thukydides erzählten). Die grenzenlose Expansion – des Lebens, der Wirtschaft und so fort – erweist sich als zentrales Ziel des Kapitalismus und konstituiert das spezifische Imaginäre der modernen westlichen Zivilisation. Aus Sicht der Ökonomie kann ein stationärer Zustand also nur als Stagnation begriffen werden – als ein Zustand, den es zu überwinden gilt.

Malthus, so habe ich betont, ist kein Vorläufer, keine Ausnahme. Seine Theorie bildet vielmehr den Eckpfeiler der modernen Ökonomie. Die gegenwärtige Macht der Ökonomie erklärt zu einem guten Teil seine anhaltende Relevanz. Deshalb muss ich, wenn ich 220 Jahre nach der Veröffentlichung seines *Essays* ein Buch über Grenzen schreiben will, immer noch mit ihm beginnen. Wie Mayhew treffend bemerkt, denken nur wenige Menschen, die Theorie von Adam Smith sei durch anhaltendes Wachstum bewiesen oder durch die Große Depression widerlegt worden. Die Tatsache, dass Malthus als »anhaltend modern« angesehen wird, belegt, dass sein Werk über einen kanonischen Status verfügt.[20] Leider hat auch der Umweltschutz den Kanon von Malthus geerbt und verhandelt die ökologische Frage in einem reduktiven ökonomischen Idiom der Bedürfnisse, Ressourcen und Technologien.

Grenzen des malthusianischen Umweltschutzes

Die moderne amerikanische Unweltbewegung entstand Ende der 1960er-Jahre zu einem »malthusianischen«, von Sorge um das Bevölkerungswachstum geprägten Zeitpunkt.[21] Die amerikanische und die Weltbevölkerung wuchsen exponentiell. Das Schreckgespenst von Hungersnöten in Asien oder Afrika, die zu Revolutionen und einer atomaren Konfrontation zwischen den beiden Supermächten führen könnten, schürte die Angst vor einer »Bevölkerungsbombe«, und die Bevölkerung wurde zu einem zentralen Thema für Politik und Öffentlichkeit.[22] Garrett Hardin und Paul Ehrlich – akademische Ökologen, die argumentierten, die Bevölkerung könne nicht lange entsprechend einer geometrischen Rate wachsen, da ein katastrophales Hemmnis sie in Schach halten werde – wurden zu vertrauten Namen.

Diese »Neo-Malthusianer« hielten an der Vorstellung einer begrenzten Welt fest, die sich nicht mit exponentiellem Wachstum vertrage. Anders als Malthus führten sie die Knappheit jedoch auf den Charakter der Ressourcen und des Bodens zurück, nicht auf die menschliche Natur, die sie als gestaltbar ansahen. Im Gegensatz zu Malthus forderten die Neo-Malthusianer Geburtenkontrolle oder Zwangsbegrenzungen der Bevölkerungszahl durch den Staat. Im Gegensatz zu den Neo-Malthusianern beriefen sich die Ökonomen auf die andere Hälfte von Malthus' Geschichte, nämlich auf die wachsende Nahrungsmittelproduktion. Zusammen betrachtet, vertraten Ökonomen und Neo-Malthusianer die beiden Seiten des Essays: grenzenloses Wachstum in einer begrenzten Welt. Letztendlich setzten sich die Ökonomen durch, als die mit fossilen Brennstoffen betriebene grüne Revolution der 1970er-Jahre und eine Verringerung der Fruchtbarkeitsraten im Westen sowie in China die Sorge um die Bevölkerung dämpften. (Die Weltbevölkerung wächst zwar weiter, allerdings mit abnehmendem Tempo.)

Umweltschützer wollten das Wachstum begrenzen, weil es die Umwelt zerstört. Doch am Ende argumentierten sie, das Wachstum komme zum Erliegen, wenn die Umwelt nicht erhalten werde. Dies veranlasste den prominenten Ökonomen Robert Solow zu dem Scherz, die Umweltschützer seien wachstumsfreundlicher, als ihnen bewusst sei.[23] 1972 gab der Club of Rome eine Studie in Auftrag, die dann als *Grenzen des Wachstums* veröffentlicht wurde: ein bahnbrechender Bericht von Donella Meadows und einer Gruppe junger Forscher am MIT.[24] Hinter den Simulationen des Berichts lag eine einfache Idee: Das kombinierte Wachstum von Bevölkerung und Konsum geht schnell ins Unendliche. Da Unendlichkeit logisch nicht möglich ist, muss und wird das Wachstum gehemmt werden. Der

Bericht übernimmt die Logik von Malthus, wobei die Wirtschaft den Platz der Bevölkerung und die Ressourcen den der Nahrung einnehmen. Die Wirtschaft, so argumentieren Meadows und ihre Mitarbeiter, könne nicht lange schneller wachsen als die Rate der Ressourcengewinnung. Die Ressourcen seien endlich, und früher oder später müsse die Wirtschaft kollabieren, da sie durch die Verfügbarkeit von Ressourcen begrenzt werde. Im Gegensatz zu Malthus war das MIT-Team jedoch der Meinung, dass wir uns innerhalb der Ressourcengrenzen beschränken und den Absturz in eine sanfte Landung verwandeln können, indem wir bei der höchstmöglichen stabilen Bevölkerungsgröße und dem höchst möglichen Konsumniveau stehenbleiben (im Wesentlichen durch die Umstellung auf erneuerbare Ressourcen, Recycling und die Nutzung endlicher Ressourcen entsprechend einer Rate, die niedrig genug ist, um die Substitution dieser Ressourcen zu erlauben). Es gelte zu wählen zwischen einer sanften Begrenzung des Wachstums oder einem drastischen Einbruch, durch den es sich selbst begrenzen werde.

Die Umweltschützer akzeptierten die malthusianische Annahme grenzenloser Bedürfnisse nicht, sie stellten die Wünschbarkeit vorherrschender Bedürfnisse aber auch nicht infrage. Das Happy-End-Szenario von *Grenzen des Wachstums* bestand darin, das Wachstum zu verlangsamen, um die maximale Anzahl von Menschen und Gütern aufrechtzuerhalten – etwas, das Malthus' Anliegen, die größtmögliche Anzahl von Menschen zu erhalten, sehr ähnelt. Der Grund für die Verlangsamung hatte wenig mit dem Streben nach einer anderen, besseren Lebensweise zu tun. Es handelte sich vielmehr um eine Anpassung an äußere Grenzen: Grenzen, die durch die Natur der Dinge auferlegt werden und mit denen unsere Wünsche kollidieren.

Der Antrieb zur Veränderung ging nicht auf einen Wunsch zurück, sondern auf einen vom drohenden Zusammenbruch bedingten Zwang.

Dieses malthusianische Framing war Wasser auf die Mühlen der Ökonomen. Robert Solow, ebenfalls vom MIT, führte den Vorstoß an, indem er kurz nach der Veröffentlichung von *Grenzen des Wachstums* eine feurige Rede hielt.[25] Wie schnell wir Ressourcen abbauen können oder wie viel Output wir aus einer begrenzten Menge an Ressourcen gewinnen können, sei eine Frage der Technologie. Nicht nur, dass es genügend Ressourcen gebe, argumentierte Solow. Selbst wenn diese erschöpft wären, würden ihre Preise steigen und wir würden neue Technologien entwickeln, die weniger Ressourcen verbrauchen oder auf andere, noch unbegrenzt vorhandene Ressourcen zurückgreifen (sogenannte Substitution). Wenn die Lebensmittelproduktion in Malthus' Modell das Bevölkerungswachstum ermöglicht, ermöglicht die Technologie in Solows Modell das Wirtschaftswachstum.

In seiner Antwort und seiner anschließenden Forschung rückt Solow die ökologische Frage direkt in den Bereich der Ökonomie, was angesichts des malthusianischen Rahmens seiner Argumentation nicht überrascht. Das Problem wurde als eines der relativen Raten der Ressourcenentnahme und des technologischen Wandels dargestellt. Wenn die natürlichen Ressourcen endlich seien, wie das *Grenzen*-Team argumentiert habe, dann, so Solow, werde selbst negatives Wachstum – im Grunde alles, was über eine Nullnutzung der Ressourcen hinausgehe – diese letzten Ressourcen schließlich aufbrauchen und die Produktion zum Erliegen bringen. Die Frage war nun, wie die begrenzten Ressourcen im Laufe der Zeit verteilt werden sollten, um die maximale Gesamtzahl von Personenjahren zu erhalten. Dies ist im Wesentlichen eine Frage der optimalen Verteilung knapper

Ressourcen unter den Generationen. Und wie man knappe Ressourcen optimal verteilt, darum geht es in der Ökonomie.

Entscheidend ist, dass die Ökonomen nach Robbins die Vorstellung entwickelt haben, nicht nur natürliche Ressourcen seien knapp, sondern auch Kapital, Arbeit und Zeit. Aus dieser Perspektive kann es sinnvoll erscheinen, künftigen Generationen weniger Wälder oder stärker verschmutzte Ozeane zu hinterlassen, wenn dies der Preis für die Weitergabe von mehr technologischem Kapital ist, mit dem man mehr Dinge tun kann. Formuliert man die Frage als eine zwischen, sagen wir, mehr oder weniger Wald, dann geht es nicht mehr um ökologische Grenzen, sondern um Allokation und um Effizienz bei der Beibehaltung des höchstmöglichen Niveaus der Bedürfnisbefriedigung für die maximal mögliche Bevölkerung. Wenn es uns morgen wirtschaftlich besser geht, weil wir heute Bäume fällen, dann sei es so.

Ich habe an anderer Stelle meine Meinung dazu dargelegt, ob die Technologie mit der Erschöpfung der Ressourcen Schritt halten oder ob Kapital die Natur ersetzen kann.[26] Das geometrische Wachstum tendiert ins Unendliche, und wie Malthus als Erster feststellte, muss es logischerweise gestoppt werden. Was es bremsen wird, wann oder wie bald, ist weniger klar. Einem Zusammenbruch kann außerdem durchaus neuerliches, auf niedrigerem Niveau beginnendes Wachstum folgen – eine maximale Wirtschaftsgröße ist streng genommen nicht dasselbe wie eine Grenze des Wachstums. Mir geht es hier nicht darum, mich an der endlosen Debatte darüber zu beteiligen, ob es Grenzen des Wachstums gibt oder nicht. Ich möchte vielmehr die Rahmung dieser Debatte hinterfragen.

Neo-Malthusianische Umweltschützer mögen auf einem anderen Weg als Malthus zur Vorstellung einer begrenzten

Welt gelangt sein: Sie sprechen von Ressourcengrenzen und nicht von grenzenlosen Bedürfnissen. Doch ihre Vorstellung gleichsam naturwüchsig der Welt eingeschriebener Grenzen reproduziert Malthus' Knappheitsmodell, das auch das der Ökonomen ist. Wie Malthus, der den Zusammenbruch beschwor, um die größtmögliche Anzahl von Menschen zu erhalten, suggerieren Umweltschützer, wenn sie die Grenzen oder den Zusammenbruch des Wachstums beschwören, dass es darum gehe, den größtmöglichen Output so lange wie möglich zu erhalten. Innerhalb dieses malthusianischen Rahmens wird die ökologische auf die ökonomische Frage reduziert: Es geht darum, wie ein optimaler Output angesichts von Knappheit aufrechterhalten werden kann, was wiederum dazu führt, dass Problemen, die im Wesentlichen sozialen Charakters sind, mit Marktlösungen begegnet wird. Der Ruf nach einer Begrenzung des Wachstums – der, wie ich noch zeigen möchte, eine uralte Angst vor Hybris sowie den Wunsch ausdrückt, auf andere, sinnvolle Weise zu leben – wird auf einen sterilen wissenschaftlichen Disput reduziert. Mitunter werden sogar Wetten darüber abgeschlossen, ob das Wachstum aufrechterhalten werden kann, beziehungsweise für wie lange.[27]

Mit der Übernahme des Malthus'schen Rahmens stießen die Umweltschützer an die Grenzen ihres eigenen Grenzbegriffs. So hätte es jedoch nicht kommen müssen.

3. Grenzen des Umweltschutzes

Emma Goldman war die eloquente Verfechterin einer anarchistischen Subkultur, die in den Vereinigten Staaten um die Wende vom 19. zum 20. Jahrhundert ihre Blütezeit durchlebte. Goldman trat ein für die Gleichberechtigung der Frauen, freie Liebe, Arbeiterrechte und ein kostenloses Bildungssystem. Sie bezeichnete sich selbst als Neo-Malthusianerin, weil sie für Geburtenkontrolle eintrat; diese wurde damals fälschlicherweise mit Malthus in Verbindung gebracht.[1]

Doch Goldmans Leben und Denken waren die Antithese zum Leben und Denken von Malthus. Sie heiratete im Alter von achtzehn Jahren, verließ ihren Mann aber zwei Jahre später. Sie wurde wegen »Anstiftung zum Aufruhr«, Verteilung von Materialien über Geburtenkontrolle und 1917 wegen einer Kampagne gegen die Wehrpflicht inhaftiert, wofür sie zwei Jahre im Gefängnis saß, bevor man sie nach Russland auswies. Von den Bolschewiki desillusioniert, verließ sie Russland 1923. »Wenn ich nicht tanzen kann, ist es nicht meine Revolution«, lautete ihr Motto.[2]

Romantische Anarchisten gegen Malthus

Goldman beschrieb die Geburtenkontrollbewegung als eine, die

> darauf abzielt, Frauen vom schrecklichen Joch und von der Knechtschaft unfreiwilliger Schwangerschaft zu befreien. Eine Bewegung, die für jedes Kind das Recht fordert, gut geboren zu werden, die helfen soll, die Arbeit aus ihrer ewigen Abhängigkeit zu befreien, und die eine neue Art von Mutterschaft herbeiführen soll.[3]

Für Goldman war der Kampf um die Geburtenkontrolle eines »der vielen Anliegen, die für die kommende soziale Revolution von zentraler Bedeutung sind«.[4] Dasselbe gelte für die Begrenzung der Bevölkerungsgröße, denn:

> Der Kapitalismus kann nicht ohne Militarismus auskommen, und da die Menschenmassen das Material liefern, das in den Schützengräben vernichtet wird, muss der Kapitalismus über eine große Bevölkerung verfügen. [...] Auf keinen Fall darf die Arbeitsleistung abnehmen, sonst [...] wird die kapitalistische Zivilisation untergraben. [...] Und so sind die politischen Ökonomen, zusammen mit allen Befürwortern des kapitalistischen Regimes, für eine große und übermäßige Bevölkerung und damit gegen Geburtenkontrolle.[5]

Grenzen sind hier keine natürliche Eigenschaft, die aus einem Gegensatz zwischen unserem Wollen und der Welt resultieren. Es ist nicht unsere Natur, sondern das System, das unser grenzenloses Wollen wünscht. Um uns von den Fesseln dieses Systems zu befreien und seine Folgen abzuwenden, müssen wir die Bedürfnisse, die es nähren, begrenzen, so Goldmans Vorschlag.

Auch in ihren Ansichten zu Armut und Natur weicht Goldman erheblich von Malthus ab. Die Armut entspringe nicht der Natur der Dinge oder dem Begehren unserer

Körper, sondern einer gesellschaftlichen Ordnung, die die Gaben der Natur schlecht verteile. Für Goldman gibt die Natur im Überfluss: Sie ist eine Quelle der Freude, nicht des Leids. Goldman nannte ihre Zeitschrift *Mother Earth* (»Mutter Erde«): »Die Ernährerin des Menschen [...], der Mensch frei und ungehindert in seinem Zugang zur freien Erde!«[6] Der Titel fiel ihr an einem Vorfrühlingstag ein, als sie über das »im Schoß von Mutter Erde keimende Leben« staunte.[7]

Goldman und die Anarchofeministinnen griffen Themen auf, die auch die romantische Bewegung auszeichnen. Die Romantiker waren Zeitgenossen von Malthus und gehörten zu seinen schärfsten Kritikern.[8] Mayhew schreibt, in William Wordsworths Gedicht »Lines Written a Few Miles above Tintern Abbey« (»Verse, verfasst ein paar Meilen oberhalb von Tintern Abbey«), das im selben Jahr erschien wie der *Essay*, sei die Natur »üppig, nicht knauserig« und führe »unweigerlich aufwärts zu ihrem Schöpfer, nicht abwärts in Elend und Not. Die im Egoismus der Berechnung Verstrickten sind auch jene, die eine Welt schaffen, in der die Nächstenliebe untergraben und soziale Bindungen zerbrochen werden, in der städtische Manufakturen florieren und Armut das Land verwüstet.«[9] In der romantischen Lyrik waren Bescheidenheit und der Genuss einfacher Vergnügungen die Antwort auf den Überfluss, nicht Crusoes frenetisches Streben nach Ertragsoptimierung. Wordsworth schrieb Folgendes über freiwillige Beschränkung:

> Nonnen ängstigen sich nicht im engen Raum ihres Klosters, und Einsiedler sind zufrieden mit ihren Zellen, wie Studenten mit ihren gedankenreichen Zitadellen, Mägde am Rad, der Weber am Webstuhl, sie alle sitzen fröhlich und glücklich [...].[10]

Wordsworth und andere Romantiker priesen die Schönheit der Einfachheit und verbanden Freiheit mit Grenzen. Und während Malthus sich mit der zerstörerischen Kraft unseres sexuellen Verlangens beschäftigte, hinterfragten die Romantiker, wie Goldman nach ihnen, die Bedeutung der Liebe und verknüpften freien sexuellen Ausdruck mit Befreiung (gegen »[die malthusianische Ansicht, dass] Leidenschaft jenseits unserer Kontrolle liege, eine physische Notwendigkeit, unter deren Herrschaft wir alle Sklaven seien«, wie William Hazlitt, ein bemerkenswerter Romantiker, in einer Polemik gegen Malthus' *Essay* schrieb).[11] Die Geburtenkontrolle war keine berechnende Praxis, um im Rahmen seiner Möglichkeiten zu leben, sondern eine Möglichkeit, die freie Liebe zu genießen.

Malthus' Rahmung ist so tief in unseren Köpfen verankert, dass uns Einschränkung inmitten von Überfluss als Paradoxie erscheint. Sollten wir nicht erkennen, dass die Natur knapp ist, um sie zu bewahren? Nein, sagen die Romantiker, denn die Natur ist nur dann knapp, wenn es ein Übermaß an Bedürfnissen gibt. Die angeborene Reaktion auf Knappheit ist unerbittliches Erobern und Unterwerfen. Die Natur wird dann zu einer reichhaltigen, wenn wir genießen, was sie zu bieten hat, und unsere Bedürfnisse einschränken. Die Romantiker haben das intuitiv und poetisch erfasst.

Dabei geht es jedoch nicht nur um Poesie. Die Frage hat auch einen anthropologischen Kern. Anthropologen, die in jüngster Zeit Jäger- und Sammlergemeinschaften studiert haben, sind bei diesen auf ein ähnliches Ethos des Lebens innerhalb von Grenzen bei gleichzeitigem Glauben an den Überfluss gestoßen. Als er in den 1990er- und 2000er-Jahren mit den Yaka-Pygmäen im Nordkongo lebte, beobachtete der Ethnograf Jerome Lewis, wie die Yaka den Wald als reichhaltig ansehen. Ihr Vertrauen in ihre Umwelt ist, wie bei vielen Jägern und Sammlern, Teil einer Ethik obligatorischen, nicht-aufrechnenden Teilens, die die Yaka *ekila* nennen – nach Lewis »eine Theorie zur Aufrechterhaltung des Überflusses«.[12] *Ekila* lehrt, dass »durch richtiges Teilen die Ressourcen als reichlich vorhanden erlebt werden«.[13] Durch das Teilen des Überflusses begrenzen die Yaka die Anhäufung von Reichtum und Macht, erklärt Lewis. Der Wald bleibt im Überfluss vorhanden, denn die Annahme, dass er im Überfluss vorhanden sei, geht mit Institutionen und sozialen Beziehungen einher, die nicht zur Eroberung und zum Raubbau anspornen. Westliche Holzfäller und Naturschützer hingegen kommen in den Nordkongo und betrachten den Wald als knappe Ressource. Holzfäller, berichtet Lewis, wollen die Kontrolle über wertvolle Bäume, Naturschützer über seltene Tiere. Beide betrachten die Yaka als Hindernis und halten sie aus dem Wald fern. »Die Wahrnehmung von Knappheit ist das ideologische Fundament dieser beiden Aktivitäten und eine treibende Kraft bei der Einfriedung, Industrialisierung und Kapitalisierung [des Waldes].«[14] Wie Wendell Berry schreibt: »Das Leben in dieser Welt ist klein für diejenigen, die es für klein halten, und der Wunsch, es zu vergrößern, macht es kleiner und kann es schließlich auf nichts reduzieren.«[15]

Ich behaupte nicht, dass eine intellektuelle Kontinuität von den Romantikern über Emma Goldman und Jäger und Sammler bis hin zu den Grünen besteht (auch wenn die Yaka das gern hören würden). Einige Romantiker befürworteten das Bevölkerungswachstum aufgrund ihrer religiösen Überzeugungen, andere sprachen sich für den Kolonialismus aus. Auch die Ansichten der Umweltschützer über Grenzen sind durchmischt, wie wir gesehen haben. Ich weise hier auf den Keim einer nicht-malthusianischen

Vorstellung von Grenzen hin, die auch in der griechischen und römischen Philosophie sowie in nicht-westlichen Lehren und Lebensweisen vorhanden ist.[16] Diese Sehnsucht nach Grenzen ist das Herzstück des radikalen westlichen Umweltschutzes. In Rachel Carsons *Der stumme Frühling*,[17] dem Buch, das den modernen Umweltschutz begründet hat, geht es beispielsweise nicht um eine knappe Natur, die über keine Kapazitäten zur Aufnahme von Chemikalien mehr verfügt. Carson wollte, dass wir dem Raubbau an einer Natur voller Leben eine Grenze setzen. Ihre Forderung, den Einsatz von Pestiziden zu begrenzen, meinte kein Opfer (und das nicht nur, weil es biologische Alternativen gibt); vielmehr begriff Carson die Begrenzung einer schädlichen Produktionsweise als den Weg in eine bessere Zukunft voller Vogelgesang.

Der Unterschied zwischen *Der stumme Frühling* und *Grenzen des Wachstums* ist subtil, aber bedeutend. Auch *Grenzen des Wachstums* wies auf eine drohende Katastrophe hin und forderte einen Kurswechsel. Aber der Bericht behauptete nicht nur, dass Wachstum, wie der Einsatz von Pestiziden, furchtbare Folgen hat; vielmehr prognostizierte er, das Wachstum werde ans Ende gelangen, und dass auch dies furchtbar sein werde. (Donella Meadows und andere haben allerdings das Argument von *Grenzen des Wachstums* in ihrer eigenen Arbeit derart weiterentwickelt, dass es dem von *Der stumme Frühling* sehr ähnelt: Sie fordern ein Ende des Wachstums und einen Wandel der Politik sowie der Werte. Dies ähnelt in der Tat der Auffassung von Grenzen, die ich weiter unten vertrete.)

Selbstbegrenzung

Cornelius Castoriadis' Begriff der Selbstbegrenzung erweist sich in diesem Zusammenhang als weiterführend.[18] Wie ich in der Einleitung erwähnt habe, ist eine entscheidende, von Castoriadis getroffene Unterscheidung die zwischen Heteronomie und Autonomie. Nomos, das (geschriebene und ungeschriebene) Gesetz, definiert die Grenzen, die für das Funktionieren einer Gesellschaft notwendig sind. Die Menschen machen die Gesetze selbst, aber die meisten Gesellschaften schreiben sie »einer Quelle außerhalb der Gesellschaft zu, einer imaginären, heiligen Quelle, die sie unhinterfragbar macht«.[19] Die Zehn Gebote sind ein typisches Beispiel.

In heteronomen Gesellschaften werden die Grenzen einer externen Autorität zugeschrieben, die nicht infrage gestellt werden darf. Eine autonome Gesellschaft hingegen »ist eine Gesellschaft, deren Haltung gegenüber ihren eigenen Institutionen klar, reflektiert und frei ist, eine Gesellschaft, die diesen Institutionen nicht unterworfen ist.«[20] Selbstbegrenzung[21] ist Autonomie und umfasst die Begrenzung politischer Exzesse (z. B. den Schutz von Minderheitenrechten), sozialer Verhaltensweisen (Kriminalität) und der Handlungen des Kollektivs in Bezug auf die Außen- und Umwelt.[22]

Castoriadis führt die Idee der Autonomie auf die klassische athenische Demokratie zurück; es ist eine Idee, die er durch die Aufklärung wiederbelebt, aber unverwirklicht gelassen sieht. Westliche Demokratien würden zunehmend auf Wahrheitsquellen regredieren, die nicht infrage gestellt werden könnten, sei es die Wissenschaft, die Technologie oder der freie Markt. Demokratie und Kapitalismus würden im 17. Jahrhundert gemeinsam entstehen, doch die Mission des Kapitalismus sei die unbegrenzte Ausdehnung rationaler Herrschaft, die sich in unbegrenztem und unanfechtbarem Wirtschaftswachstum manifestiere. Die Demokratie stehe im Widerspruch zum Kapitalismus, weil der Expansionsimperativ des Kapitalismus nicht infrage gestellt werden dürfe: »Man fragt nicht mehr, ob es Bedürfnisse gibt, die befriedigt werden müssen, sondern ob die eine oder andere wissenschaftliche oder technische Errungenschaft machbar ist. Wenn das der Fall ist, wird sie erreicht, und das entsprechende ›Bedürfnis‹ wird fabriziert.«[23]

Die »Pseudo-Beherrschung« der Natur durch den Kapitalismus könne niemals verwirklicht werden, argumentiert Castoriadis und verweist auf die unbeabsichtigten Folgen der Technik. Wir dachten, wir könnten die Natur durch fossile Brennstoffe beherrschen, doch der Klimawandel ist die Abrechnung. Diese Beherrschung ist auch »pseudo-rational«, weil ihre Quelle nicht rational ist. Sie entspringt einer theologischen Pflicht, sich die Natur untertan zu machen (was an das erinnert, was wir bei Malthus gesehen haben).

Alle Gesellschaften, nicht nur der Kapitalismus, beruhen auf einem ad hoc herausgebildeten Imaginären. Wie religiöse Gesellschaften hat die kapitalistische Zivilisation in ihren Angehörigen eine Reihe von Wünschen generiert (überwiegend ökonomischer und weniger spiritueller Natur), und diese Angehörigen lernen, dass das Leben ohne die Befriedigung dieser Wünsche nicht lebenswert sei. Das System ist stabil, solange es diese Wünsche befriedigt und die Menschen deren Sinn nicht infrage stellen. Die Hinterfragung unserer Wünsche ist aber genau das, worum es bei Autonomie und Demokratie geht.

Der radikale Umweltschutz halte den demokratischen Geist am Leben, so Castoriadis, weil er die einzige zeitgenössische Bewegung sei, die Wünsche infrage stelle und Grenzen verteidige. Andere Bewegungen würden die Verteilung im Kapitalismus hinterfragen, nicht aber den Gegenstand der Träume. Umweltschützer würden stattdessen fragen, worin ein lebenswertes Leben besteht (so, wie die Romantiker die Bedeutung der Liebe untersuchten). Damit würden sie die Absurdität jener »erniedrigenden« Vorstellung entlarven, das einzige Lebensziel bestehe darin, mehr zu produzieren und zu konsumieren.[24]

Dies ist eine Verteidigung selbst auferlegter Grenzen (Autonomie), nicht jener Grenzen, von denen wir annehmen, dass sie uns von der Natur oder dem angeblichen Charakter der Gesellschaft aufgezwungen werden (Heteronomie). Das Plädoyer für die Selbstbegrenzung beruht auf den negativen Konsequenzen oder den Risiken eines Verzichts auf Selbstbegrenzung, und auf der Freiheit, unseren eigenen Vermögen und Absichten Grenzen zu setzen – Grenzen, ohne welche die Freiheit ihre Bedeutung verliert.

Erinnern wir uns an die Geschichte des Ozeanpianisten. Als 1900 sich weigert, das Schiff zu verlassen, entsagt er der unendlichen Stadt, die vor ihm liegt. Es sind nicht die Risiken der Außenwelt, die er fürchtet, sondern – das drückt seine Klaviermetapher aus – es ist die Unendlichkeit der Außenwelt: eine Unendlichkeit, die seine Freiheit außer Kraft setzt. Auf einer unendlichen Tastatur lässt sich keine Musik spielen. Auch Wordsworth brachte Freiheit mit Selbstbegrenzung in Verbindung:

> In Wahrheit ist das Gefängnis, in das wir uns selbst verdammen, kein Gefängnis […] [für jene,] die das Gewicht von zu viel Freiheit gespürt haben.[25]

Künstlerische Freiheit ist in der Tat das Kind der Begrenzung. Diese ist die wichtigste Fertigkeit, die sich ein Dichter aneignen kann. Und die Leinwand begrenzt den Bereich, auf dem ein Maler tätig ist.[26] Im Gegensatz dazu überwältigt uns die Konsumgesellschaft mit einer potenziell unbegrenzten Auswahl an Optionen. Anstatt befreiend zu wirken, kann sich die Unbegrenztheit der Möglichkeiten als lähmend, als beständige Quelle von Frustration erweisen.[27] Entscheidungen zu erleichtern, indem wir uns selbst Grenzen setzen und beschließen, Dinge nicht zu tun, kann sich dann, wie im Fall von 1900, als befreiend erweisen. (Ganz banal ist das Beispiel von »Freedom«, einer Online-App, mit der man den Zugang zum eigenen E-Mail-Account und zu regelmäßig besuchten Websites vorübergehend sperren kann, um sich frei dem Schreiben zu widmen. In unserer produktivitätsbesessenen Zeit ist Freiheit nicht die Fähigkeit, mehr zu tun, sondern die, unser selbstzerstörerisches Streben nach mehr zu begrenzen). Zusätzlich zu den Folgen und zur Freiheit gibt es noch einen dritten Grund, sich selbst zu begrenzen: einen, der weder bei Castoriadis, noch bei Goldman oder in der Parabel von 1900 benannt wird. Ich meine die Gerechtigkeit, oder die Sorge um den Anderen, denn unbegrenzte Expansion kolonisiert und assimiliert zwangsläufig die Lebenswelt des menschlichen und nicht-menschlichen Anderen. Wie der spanische Philosoph Jorge Riechmann schreibt: »Erst die Selbstbegrenzung ermöglicht Alterität, lässt Raum für das Andere.«[28] Wir sollten so einfach leben, das andere einfach leben können, wie Gandhi gesagt haben soll.

Das Problem mit umweltbedingten Grenzen

Es ist nicht so, als würden wir Umweltschützer unser Plädoyer für Grenzen nicht mit Hinweisen auf Folgen, Freiheit oder Gerechtigkeit rechtfertigen. Doch wir unterscheiden oft nicht zwischen Selbstbegrenzung und äußeren Grenzen – zwischen Goldman und den Romantikern auf der einen und Malthus auf der anderen Seite. Grenzen, so behaupten wir oft, seien von Mutter Natur gesetzt, und wir müssten uns ihnen anpassen, ob uns das gefalle oder nicht. (Dann fügen wir noch hinzu, dass es zum Glück nicht schlimm sein müsse, innerhalb von Grenzen zu leben; es könne auch befreiend sein, anderen weniger Schaden zuzufügen usw.) Das ist eine sehr heteronome Weise, autonomen Grenzen das Wort zu reden. Castoriadis besteht darauf:

> Ökologie ist nicht »Liebe zur Natur«: Es ist das Bedürfnis nach der Selbstbegrenzung (das heißt der wahren Freiheit) von Menschen in Bezug auf den Planeten, auf dem sie aus zufälligen Gründen existieren, und den sie gegenwärtig im Begriff sind zu zerstören.[29]

Man bemerke die merkwürdige Logik des Berichts über die *Grenzen des Wachstums*: Als Grund für eine Begrenzung des Wachstums wird angegeben, dass es Grenzen des Wachstums gebe. Wenn es aber äußere Grenzen gibt, so könnte man einwenden, warum sollen wir uns dann selbst begrenzen, anstatt einfach darauf zu warten, dass die Grenzen ihr Werk verrichten? Als Grund suggeriert der Bericht, dass wir die letztendliche Begrenzung sanfter gestalten und einen Zusammenbruch vermeiden können, indem wir uns selbst begrenzen. Mit anderen Worten, wir können den Göttern zuvorkommen: Wir können das, was sie von uns wollen, zu unseren eigenen Bedingungen tun, bevor sie uns zwingen müssen, es zu ihren zu tun. Selbstbegrenzung ist diesem Narrativ zufolge eine Frage des Überlebens, nicht etwas, das uns unsere Wünsche aufgeben. Die Wünsche, die ein System speisen, das die Umwelt zerstört, bleiben unhinterfragt; das Argument suggeriert, was wir haben wollen sei das, was wir bereits hätten. Das Problem sei, dass wir es nicht haben können, aus Gründen, die jenseits von uns liegen, sodass wir so viel davon wie möglich schützen und erhalten sollten. Sofern Wünsche überhaupt hinterfragt werden, werden sie es nur auf instrumentelle Weise, in Hinblick auf unser Überleben: Das Kalkül lautet, dass wir mehr haben werden, wenn wir unsere Wünsche jetzt begrenzen, bevor sie uns begrenzen.

Wenn ich diese Logik externer Grenzen kritisiere, will ich damit keinesfalls suggerieren, es herrsche ein Mangel an ökologischen Kräften, die sich unserer Kontrolle entziehen. Nicht wir allein entscheiden, wo unsere Grenzen verlaufen. Um nur ein Beispiel zu nennen: 450 ppm (*parts per million*) Kohlendioxid in der Atmosphäre sind ein Schwellenwert, jenseits dessen sich die Erdtemperatur um mehr als zwei Grad Celsius erhöhen könnte. Das ist eine physikalische Realität. Doch es liegt nichts Natürliches darin, solche externen Bedingungen als Grenzen aufzufassen. Die Schwerkraft ist eine Tatsache, keine Grenze. Eine Grenze setzt ein Ziel voraus. Die Schwerkraft ist also dann eine Grenze, wenn du vom Dach eines Gebäudes springen und unbeschadet auf dem Boden landen willst. Sie ist keine Grenze, wenn du vorhast, Selbstmord zu begehen. Und wenn du einen Ball hinunterwerfen willst, ist die Schwerkraft dir sogar nützlich. Meerwasser bedeutet für Fische das Leben, für Menschen jedoch den Tod. Für eine auf fossilen Brennstoffen beruhende Zivilisation, die auf kontinuierlichem Wachstum besteht, werden 450 ppm wahrscheinlich eine Grenze darstellen. Die Grenze liegt im Subjekt und in der Absicht, nicht in der Natur, die gegenüber unseren Absichten gleichgültig ist. Und es sind unsere Absichten, die es zu begrenzen gilt.

Eine reife, autonome Zivilisation wäre sich darüber im Klaren, dass die Natur keine strenge Mutter ist, die uns in die Schranken weist und uns sagt, was wir zu tun haben. Das bedeutet aber nicht, dass wir tun und lassen können, was wir wollen. Wir interagieren ständig mit der Außenwelt und verändern diese so, wie es ungefähr unseren Absichten entspricht, oft mit unerwarteten Ergebnissen, seien diese günstig oder abträglich.[30] Die Natur ist, was sie ist. Es sind unsere Handlungen, die Folgen haben, die uns gefallen können oder auch nicht, und die wir begrenzen müssen, in Anbetracht dessen, was geschehen würde, wenn wir dies nicht täten. Wenn wir den Boden lebendig erreichen wollen, sollten wir besser nicht vom Dach springen, und wenn wir nicht wollen, dass Küstenstädte überflutet, Wälder durch Brände vernichtet oder Arten ausgerottet werden, dann sollten wir unsere Nutzung fossiler Brennstoffe begrenzen. Wir sind es, die mit der Förderung fossiler Brennstoffe aufhören müssen; der Himmel fordert uns nicht dazu auf. Zwei Grad Erderwärmung könnten das Wirtschaftswachstum begrenzen oder auch nicht (der Kapitalismus ist ein seltsames Gesellschaftssystem),[31] jedenfalls werden wir das Wachstum begrenzen müssen, wenn wir die Erderwärmung vermeiden wollen.[32] Indem wir uns Grenzen als etwas Objektives vorstellen, das außerhalb unser selbst existiert, verschleiern wir, dass es bei ihnen letztlich um uns und unsere Wünsche geht, womit wir die Ansicht von Malthus reproduzieren, die Natur lasse uns nicht alles tun, was wir wollen.

Bereits die Definitionen jener harten Grenzen, die wir als der Natur eingeschrieben ansehen, sind Ergebnis gesellschaftlicher Prozesse. Nehmen wir zum Beispiel die zwei Grad Erderwärmung. Es gibt keinen Grund, weshalb wir die Erderwärmung auf zwei anstatt auf einen oder drei Grad Celsius begrenzen sollten. Jede Wahl bringt unterschiedliche Anpassungskosten und Risiken unvorhergesehener Auswirkungen mit sich, doch letztlich liegt die Wahl bei uns. Die Zwei-Grad-Grenze ist nicht etwas, das Wissenschaftler dort draußen in der Natur gefunden haben, sondern eine Grenze, die zwischen Wissenschaftlern und gewählten Vertretern im Rahmen des Zwischenstaatlichen Ausschusses für Klimaänderungen (IPCC) und auf Klimaabkommenskonferenzen ausgehandelt worden ist. Die Zwei-Grad-Grenze ist keine Grenze, die in der Natur liegt, sondern sie ist selbst auferlegt. Wir sind es, die entscheiden, wie viel Temperaturanstieg wir uns leisten können, angesichts dessen, was wir über die Folgen wissen und was wir glauben, erreichen zu können oder nicht.

Man könnte argumentieren, dies sei lediglich eine semantische Unterscheidung und dass ich meine Differenzen mit den Neo-Malthusianern oder dem Narrativ der Grenzen des Wachstums überbewerte. Sagen wir nicht alle, dass grenzenloses Wachstum katastrophale Folgen hat und begrenzt werden sollte? Teilweise ja, teilweise nein. Im Diskurs über Grenzen geht es nicht allein um die Folgen, sondern auch um die Warnung, dass uns die Ressourcen ausgehen und das Wachstum zu Ende gehen wird. Der Natur werden Grenzen zugeschrieben, nicht unseren Absichten. Außerdem teilt dieser Diskurs die malthusianische Vorstellung einer begrenzten Welt. Ich argumentiere stattdessen, dass wir uns nicht begrenzen sollten, nur weil es Grenzen gibt, sondern weil wir es wollen. Wenn es keine Grenzen für das Wachstum gäbe, wäre das sogar ein Grund mehr, es zu begrenzen, denn grenzenloses Wachstum ist katastrophal.

Bevor ich fortfahre, möchte ich fünf Kernprobleme hervorheben, die sich ergeben, wenn man Grenzen als Attribute der Natur behandelt, anstatt selbst die volle Verantwortung für sie zu übernehmen.

Erstens macht die Fixierung auf äußere Grenzen die Umweltschützer zu Untergangspropheten, zu Spielverderbern, die uns daran erinnern, dass es zu spät ist, zu Menschen, die dem Leben mit Berechnung begegnen, wie die Romantiker es verachteten. Der Umweltschützer wirkt noch trübsinniger als die trübsinnige Wissenschaft, indem er uns nicht nur sagt, dass wir nicht genug haben, sondern auch, dass wir nichts dagegen tun können. Diese Position wird immer gegen ihren Erzfeind verlieren, wie Malthus ihn vorhergesagt hat – die Mobilisierung des menschlichen Fleißes, um alle Grenzen zu überschreiten. Dies ist die Vision, die Ronald Reagan so gut artikuliert hat, als er sich in den 1970er-Jahren politisch als eine Art Anti-Ehrlich inszenierte, der sich an der Missachtung von Grenzen erfreut.[33] Man könnte zu dem Schluss gelangen, der Umweltschutz brauche eine ehrgeizige Politik, die die zwanghafte Beschäftigung mit Grenzen aufgibt und Technik sowie Wachstum befürwortet.[34] Was aber, wenn Technik und Wachstum Teil des Problems sind und nicht die Lösung? Ich erinnere mich an einen Schüler, der nach einer Diskussion über die Grenzen des Wachstums enttäuscht war, dass der Wirtschaftslehrer ihn ins Lager der Pessimisten einordnete, weil er an Grenzen glaubte. »Ich bin ein Optimist«, sagte er. »Ich glaube, dass wir die Gesellschaft verändern können. Ich hoffe, wir können das Wachstum begrenzen. Pessimisten sind diejenigen, die glauben, dass wir das nicht können.« Ist es möglich, eine nicht-fatalistische Politik der Grenzen zu konstruieren, eine, die auf der Sehnsucht nach Grenzen aufbaut, statt sie der Natur zuzuschreiben?

Ob die Politik meines Schülers eine Chance gegen die Politik des Wachstums hat, bleibt abzuwarten, aber optimistisch ist sie, und Optimismus des Willens ist das, was die Politik antreibt. Ein am menschlichen Ehrgeiz orientiertes Argument zugunsten von Grenzen kann ausgehend von Ideen wie Freiheit, Demokratie und Respekt für andere formuliert werden. Es gibt eine alte, latente Weisheit über den Wert von Grenzen und eine Sehnsucht nach Mäßigung und Einfachheit, die in vielen spirituellen und religiösen Lehren zu finden und zumindest potenziell für Progressive und Konservative gleichermaßen attraktiv ist.[35] Können Umweltschützer die Träger einer erstrebenswerten Vision radikaler Einfachheit sein, statt Propheten oder Manager der Endzeit?

Zweitens besteht das Risiko, den Klimawandel oder andere planetarische Krisen als »Umweltprobleme« darzustellen, die ein kollektives »Wir« bedrohen. Die Vorstellung, dass wir alle im selben Boot sitzen, verschleiert die Tatsache, dass es unterschiedliche Grade der Verantwortung und radikal unterschiedliche Vorstellungen darüber gibt, was wir tun oder nicht tun sollten. Wie im Fall von Krieg oder Terrorismus ist die Konstruktion eines vermeintlichen »Wir«, das von einem äußeren Feind bedroht wird, immer wieder von den Machthabern benutzt worden, um die Debatte – die Demokratie – im Namen der Dringlichkeit oder eines vermeintlichen gemeinsamen Interesses auszusetzen. Umweltkrisen können »entpolitisierend« sein, um einen Begriff aus dem akademischen Jargon zu verwenden.[36] Die Vorstellung von Grenzen als einer äußeren Bedrohung für »uns« und unsere Lebensweise kann entpolitisierend wirken, indem sie die Tatsache verschleiert, dass wir nicht alle gleichermaßen betroffen sind.

Dagegen geht es in einer genuinen Demokratie darum, ein Gespräch darüber zu beginnen, was wir einschränken wollen und was nicht. Das ist das Wesen der Selbstbegrenzung. Es geht um eine Debatte über verschiedene Visionen der Welt, in der wir leben wollen. Ökologische Überlegungen und Konsequenzen sind wichtige Beweggründe für dieses Gespräch, aber letztlich geht es um die Frage, welche Welt wir schaffen wollen und für wen, nicht darum, wie wir uns an eine vorgegebene, von der Natur diktierte Realität anpassen.

Drittens wohnt der Beschwörung äußerer Grenzen eine politische Gefahr inne: Die Vorstellung eines begrenzten, schrumpfenden Raums wird leicht zur Rechtfertigung, um andere fernzuhalten oder in deren Territorium zu expandieren. Als Hitler Malthus' Aufsatz las, dachte er nicht an Geburtenkontrolle, sondern daran, wie man den Lebensraum für die arische Rasse erweitern und sichern könnte.[37] Wie der marxistische politische Ökonom David Harvey in seiner kritischen Antwort auf *Grenzen des Wachstums* schrieb: Wenn es Knappheit gibt, dann gibt es nicht genug für alle.[38] Und wenn es nicht genug für alle gibt, dann muss jemand überflüssig sein. Dieser Jemand kann nicht »ich oder du« sein; es wird »der Andere« sein: der Ausländer, der Immigrant oder der Arme, für den es keinen Platz gibt in »unserem Rettungsboot« (um die furchtbare Metapher von Garrett Hardin zu verwenden).

Natürlich ist »die Frage, ob sich die Menschheit gegenwärtig auf einem Kollisionskurs mit der Erde befindet oder nicht, weitgehend eine empirische. Es ist keine, die wir aus politischer Bequemlichkeit verneinen oder bejahen sollten.«[39]

Doch Harvey hat insofern Recht, als die Art und Weise, wie wir diese »Kollision« gestalten, niemals politisch neutral ist. Hinter den Behauptungen über die malthusianische Apokalypse in Afrika hat die empirische Forschung Rassismus in Form von Sorgen um Überbevölkerung aufgedeckt, die Eingriffe in die Rechte und Körper armer Frauen rechtfertigen, oder auch die Gewalt gegen Minderheiten, die im

Namen der Begrenzung der menschlichen Anwesenheit in Naturschutzgebieten legitimiert wird.[40] Hardins hypothetisches Rettungsboot wird real, wenn Nationen ihre Landesgrenzen aufgrund einer vermeintlichen Begrenztheit ihres Territoriums oder ihrer Wirtschaft schließen und Flüchtlinge im Mittelmeer ertrinken lassen.

Zwar haben andere Neo-Malthusianer wie Paul Ehrlich im Gegensatz zu Hardin die Ermächtigung der Frauen und die freiwillige Geburtenkontrolle betont und im Namen der planetarischen Grenzen für freiere Einwanderung oder für Umverteilung und Solidarität zwischen Nord und Süd plädiert.[41] Die Welt sei begrenzt, und das sei ein Grund, sie zu teilen, argumentieren sie, anstatt uns nur unseren eigenen Anteil zu sichern. Doch das Argument für das Teilen ist, denke ich, viel überzeugender, wenn wir uns darauf einigen, dass wir eine begrenzte Welt wollen, anstatt uns vorzustellen, dass die Grenzen von außen gesetzt werden, wie ein Sturm, der einen Schiffbruch provoziert und uns alle zu Opfern macht, von denen einer auf Kosten des anderen überlebt.

Viertens haben sich Umweltschützer in endlosen wissenschaftlichen Auseinandersetzungen über die genaue Definition ökologischer Grenzen verzettelt: Wie viel Kohlenstoff dürfen wir ausstoßen oder wie stark dürfen wir unsere Luft oder Gewässer verschmutzen? Die Festlegung von Grenzwerten ist komplex. Meine Erfahrung im Europäischen Parlament hat mich gelehrt, dass Industrieinteressen Unwägbarkeiten ausnutzen (wenn nicht sogar herstellen), um der Regulierung zu entgehen. Biophysikalische Prozesse sind komplex, und Grenzwerte können nicht unabhängig von einem bestimmten Zweck definiert werden. Es gibt einen Grenzwert für Schadstoffe, wenn Wasser trinkbar bleiben soll, und einen anderen, wenn wir es zur Bewässerung, zum

Surfen oder zum Fischen nutzen wollen. Die Festlegung von Grenzwerten bringt Entscheidungen und Abwägungen zwischen verschiedenen Nutzungen und zwischen Gruppen mit unterschiedlichen Befugnissen mit sich. Dies sind Verteilungsentscheidungen, aber sie werden oft als rein wissenschaftliches Problem der Bestimmung objektiver Grenzen behandelt.

Diese Verwissenschaftlichung der Umweltfrage – die bereits angelegt ist in der Vorstellung, Grenzen seien eine Eigenschaft natürlicher Systeme, die von den Experten, die diese Systeme studieren, entschlüsselt werden können – ist potenziell undemokratisch. In diesem Sinne ist das vierte von mir hier umrissene Problem eng mit dem zweiten verbunden. Die Verwissenschaftlichung erzeugt eine passive Öffentlichkeit, die die Lösung von Umweltproblemen als Aufgabe für Experten ansieht. Umweltgrenzen scheinen von oben verordnet zu werden. Letztlich erfordert die Lösung von Umweltproblemen die Beteiligung aller Menschen:[42] Die Menschen werden zu Eigentümern ihrer Grenzen. Dies ist nicht offensichtlich, wenn wir einen Grenzwert als etwas Objektives, außerhalb von uns Existierendes betrachten, das nur einige wenige kennen oder verstehen können.

Fünftens ist, wie ich im vorigen Kapitel gezeigt habe, die Idee der Knappheit wesentlich für den Kapitalismus. Wenn etwas grenzenlos ist (etwa die Luft, die wir atmen), dann kann niemand dessen Eigentümer sein und gewinnbringend damit handeln; der Kapitalismus funktioniert unter Bedingungen des Überflusses nicht. Die Behauptungen von Umweltschützern über äußere Grenzen und ökologische Knappheit spielen ungewollt in die Einschließung von Ressourcen und Land hinein. Wenn etwas begrenzt ist, so die ökonomische Logik, dann sollten wir es abgrenzen, ein Eigentumsrecht festlegen und damit handeln, um es so effizient wie möglich zu verteilen. Ökonomen wenden diese Logik auf Flussläufe, Verschmutzung und Naturschutz an. Scheinbar harmlose Formulierungen, die die Natur als Kapital, Ökosysteme als Dienstleistungen und die Atmosphäre als »begrenzte Senke« bezeichnen, haben dazu geführt, dass man Umweltprobleme in Begriffen denkt, die für Marktlösungen günstig sind. Die ideologische Arbeit, die hier im Gange ist, zeigt sich in der Tatsache, dass die meisten von uns absurde Vorstellungen wie jene, die Atmosphäre – also der Himmel – sei »eine Senke« (!), als selbstverständlich hinnehmen und reproduzieren. Dabei handelt es sich um eine Metapher, deren einzige Funktion darin besteht, das Problem der Umweltverschmutzung in jener malthusianischen Begrifflichkeit der Knappheit zu fassen, mit der Ökonomen vertraut sind.

Der ständig wachsende Markt ist jedoch tatsächlich ein wichtiger Treiber der Umweltzerstörung. In den 1980er-Jahren wurden Umweltregulierungen abgebaut, als sich ein Idiom von Kosten, Nutzen und dem monetären Wert des Naturschutzes durchsetzte, anstatt eines, bei dem es um Grenzen, Risiken und Umsicht geht. Die Natur wurde zu einer von vielen knappen Kapitalformen, die von den Märkten »optimal« alloziert werden sollten. Die Natur konnte für ein paar Dollar und Prozentpunkte mehr des BIP geopfert werden. Theoretisch gerechtfertigt wurde das mit dem Hinweis, zukünftigen Generationen würden mehr Geld und Maschinen hinterlassen, mit denen diese Generationen in der Lage sein würden, die verlorenen Leistungen der Natur zu kompensieren oder sich gegen die Auswirkungen des Verlusts abzusichern. Als die Erderwärmung schließlich zu einem viel diskutierten Thema wurde, konnten Ökonomen wie William Nordhaus die Forderung nach einem Verbot fossiler Brennstoffe verwerfen und stattdessen davon sprechen, zwischen den zukünftigen Kosten des Klimawandels und den wirtschaftlichen Einbußen abzuwägen, die eine Begrenzung des Wachstums in der Gegenwart mit sich brächte.[43] Der Klimawandel wurde zu einer Frage der Diskontsätze.[44] Fünfundzwanzig Jahre später stehen durchsetzbare Grenzen für die Nutzung fossiler Brennstoffe außer Frage, und die Erdtemperatur steigt weiter.

Das Problem mit ökologischen Fußabdrücken und planetarischen Grenzen

Dem »ökologischen Fußabdruck« liegt die Berechnung zugrunde, wie viel Land benötigt würde, um die von uns konsumierten Güter und Dienstleistungen zu produzieren und den von uns verursachten Abfall und die Verschmutzung zu absorbieren. Der Indikator ist nützlich, weil er uns daran erinnert, dass alles, was wir »hier« tun, sich auch »dort« auswirkt: Die Umweltkosten unseres Handelns verschieben sich in Raum und Zeit, und der Fußabdruck ist ein Maß für diese Verschiebung. Doch der Indikator, und vor allem die Art und Weise, wie er kommuniziert wird, birgt viele Probleme. Vergessen wir für den Moment die wissenschaftliche Akrobatik, die notwendig ist, um alles in ein Landnutzungsäquivalent umzuwandeln. Mir geht es hier um Aussagen wie »Die Menschheit verbraucht das Äquivalent von 1,7 Erden«[45] oder »Am 1. August wird die Menschheit das Ressourcenbudget der Natur für das gesamte Jahr verbraucht haben«. Wie lobenswert die Absicht auch sein mag, dieses Framing reproduziert die malthusianische Vision einer begrenzten Erde.[46] Wir sind zu zahlreich, und wir verbrauchen zu viel. Aber wer ist dieses »Wir«? Und warum konsumieren »wir« zu viel? Die Fußabdruck-Botschaft sorgt für Schlagzeilen, doch sie ist unpolitisch, da sie uns alle in ein und dasselbe Boot setzt. Sie ist auch entmündigend, denn unsere vermeintliche Überschreitung kommt und geht jedes Jahr, doch die Welt dreht sich weiter.

Der Ansatz der »planetarischen Grenzen« (*planetary boundaries*) ist wissenschaftlich anspruchsvoller, aber auch er droht den Mythos einer begrenzten Welt zu reproduzieren.[47] Es gibt neun Grenzen des Erdsystems, sagen uns die Planetenforscher, und wenn wir sie überschreiten, riskieren wir abrupte, katastrophale, nichtlineare Veränderungen.[48] (Der Klimawandel ist nur eine Folge; hinzu kommen das Aussterben von Arten und der Verlust der Artenvielfalt, was die Nahrungsketten zum Einsturz bringen könnte, die Verschmutzung durch Phosphor und Stickstoff, das Ozonloch und die Versauerung der Ozeane, die eine drastische Verkleinerung der Fischbestände auszulösen droht.) Angeblich haben diese Grenzen nichts Politisches an sich, sondern beschreiben die Beschaffenheit der Welt. Wir können nur eine gewisse Menge Phosphor freisetzen, bevor wir Ökosysteme verschmutzen, und nur eine gewisse Menge Kohlenstoff, bevor wir einen bestimmten Anstieg der globalen Temperatur verursachen. Es liegt jedoch, wie ich argumentiert habe, nichts Natürliches darin, solche Tatsachen als »Grenzen« (*limits, boundaries*) aufzufassen. Es handelt sich nur dann um Grenzen, wenn wir sie als solche bezeichnen wollen (und ich stimme zu, dass wir das tun sollten). Es gibt aber auch keinen Grund, warum wir nicht auf einer heißeren Erde leben oder in einer Welt mit verschmutzten Ökosystemen überleben könnten. Das Leben wäre für viele vielleicht schlechter, doch es wäre dennoch ein Leben. Die Grenzen, so argumentiert Kate Raworth,[49] sind nicht gegeben; sie sind Grenzen eines kollektiven guten Lebens, das wir bestimmen sollten.[50]

Der Akt, Grenzen als natürlich darzustellen, sie gleichsam in die planetarische Geophysik einzuschreiben, hat politische Implikationen, weil er das Thema als technisches erscheinen lässt – als eine Angelegenheit der Geophysik und Technik und nicht als eine der politischen Vision. Die zugrunde liegende Annahme ist, dass wir so weiterleben können wie bisher und auch immer weiter wachsen können, solange wir bessere Technologien entwickeln, um weniger fossile Brennstoffe oder Phosphor zu verbrauchen und innerhalb der planetarischen Grenzen zu verbleiben. Dies wird als »grünes Wachstum« bezeichnet, und es ist kein Zufall, dass namhafte Befürworter der planetarischen Grenzen sich in letzter Zeit dafür ausgesprochen haben.[51] Bequemerweise lautet die Botschaft, dass wir so weitermachen können wie bisher, ohne die planetarischen Grenzen zu überschreiten (zumindest in Schweden, dem Land der Autoren, das diese als Modell für grünes Wachstum preisen). Andere gehen sogar noch weiter und argumentieren, dass wir grenzenloses Wachstum anstreben sollten, gerade um diese grünen Technologien zu entwickeln. Grenzen werden in diesem Narrativ eingesetzt, um ein Argument zugunsten von Grenzenlosigkeit zu formulieren. Klingt vertraut? Das sollte es auch, denn genau das ist auch die Stoßrichtung von Malthus' Argument.

Es ist durchaus in Ordnung, wenn Wissenschaftler, die den Planeten erforschen, diagnostische Aussagen machen, wie etwa wenn der IPCC erklärt, wir hätten eine 50-prozentige Chance, die durchschnittliche Erdtemperatur gegenüber dem vorindustriellen Niveau um nicht mehr als zwei Grad Celsius zu erhöhen, sofern es uns gelingt, die Kohlendioxidkonzentration unter 450 ppm zu halten. Allerdings haben Ökonomen die Büchse der Pandora geöffnet, als sie zu argumentieren begannen, dies sage nichts darüber aus, ob wir die Zwei-Grad-Schwelle überschreiten sollen oder nicht, und dass wir eine Kosten-Nutzen-Abwägung anstellen sollten, um zu ermitteln, ob die Vorteile weiteren Wirtschaftswachstums gegenüber den Nachteilen eines Temperaturanstiegs um mehr als zwei Grad nicht überwiegen. William Nordhaus, der kürzlich für seine Arbeiten zur Energie- und Klimaökonomie den Nobelpreis für Ökonomie erhalten hat, behauptet sogar, Menschen könnten »die veränderte Landschaft einer wärmeren Welt lieben lernen«.[52]

Eine wärmere Welt könnte sich als derart warm erweisen, dass sie entschieden nicht mehr liebenswert ist, und es gibt dann vielleicht auch nur noch wenige Menschen, die sie lieben können oder nicht. Es könnte aber auch sein, dass die Menschen ihre neue Lage »lieben«, weil sie es nicht besser wissen. Im Gegensatz zu dem, was Ökonomen wie Nordhaus denken, muss der Klimawandel keine Frage der Vorlieben und der in Dollar berechneten Kosten und Nutzen sein; den Klimawandel auf eine Frage der »Präferenzen« zu reduzieren, ist absurd. Aber Ökonomen treffen doch auch die Realität, wenn sie in ihren Fragestellungen mit einer Begrifflichkeit von Wohl und Übel arbeiten. Was auf dem Spiel steht, sind in der Tat die sozialen Welten, die wir schaffen und bewohnen wollen, jetzt und in Zukunft: Welten mit oder ohne Klimawandel oder Ozeanversauerung, die für einige besser und für andere schlechter sein werden.

Unsere Beziehung zu unserer Umwelt ist stärker von Koevolution geprägt, als es die Vorstellung von statischen Grenzen vermuten lässt.[53] Man denke an Kim Stanley Robinsons *New York 2140*, einen Roman über das Leben nach der Überschreitung der Schwelle und dem Anstieg der Meere. Downtown Manhattan steht unter Wasser, und hin und wieder sterben arme Menschen in einstürzenden Gebäuden. Doch New York ist immer noch eine Stadt der

Träume: Frauen und Männer verlieben sich und bestaunen die neue venezianische Landschaft; arme Menschen, die in überfluteten Gebäuden leben, entwickeln neue Kunstformen; Genossenschaften verwandeln verlassene Wolkenkratzer in kommunale Wohnprojekte. Sobald sich der Meeresspiegel stabilisiert, setzen Kapitalisten auf neue Finanzmodelle und spekulieren auf Gentrifizierung und auf dem Markt für Wohnungen innerhalb der Gezeitenzone. Stürme bringen die Pläne einiger Investoren durcheinander, während andere profitieren, indem sie gegen den Markt wetten. Armut und Ungleichheit sind im Jahr 2140 schlimmer als heute, und soziale Konflikte sind weit verbreitet. Dies ist eine Zukunft, die sowohl beschissen als auch schön ist, und sie ist beschissen oder schön für verschiedene Menschen und zu verschiedenen Zeitpunkten. Die Geschichte, so erinnert uns Robinsons Roman, wird vielleicht nicht besser, aber sie hört definitiv nicht auf.

Eine Zukunft unter Bedingungen extremen Klimawandels könnte durchaus schlimmer sein als das, was sich Robinson vorgestellt hat. Doch es wird trotzdem eine Zukunft geben. Die Frage ist, was wir jetzt begrenzen wollen, um eine bessere Zukunft für die Ärmsten zu schaffen. Planungsstudien liefern nützliche Informationen über die zu erwartenden Folgen und die Grenzen unserer Möglichkeiten. Doch sie sagen uns nicht, wo die Grenzen verlaufen.

Grenzen nach dem Ende der Natur

Es wird in der Tat zunehmend problematisch, Zivilisation und Natur als zwei getrennte Entitäten anzusehen, im Sinne einer äußeren Natur, die dem menschlichen Handeln Grenzen setzt. Wir sind ebenso ein Teil der Natur wie jede andere Spezies, und unsere Konstruktionen sind so natürlich wie die eines jeden Tieres. Einige Wissenschaftler haben argumentiert, das als aktuelle geologische Epoche postulierte Anthropozän, in dem die menschliche Aktivität ihre Spuren in den geologischen Schichten hinterlasse, markiere »das Ende der Natur«. Genauer gesagt markiere es, da wir nie von der Natur getrennt gewesen seien, das Ende unserer Vorstellung von der Natur als etwas, das außerhalb von uns liegt. In der Tat ist an einer Stadt nichts unnatürlich, ebenso wenig wie an einem Ameisenstaat. Der Mensch schafft ständig neue Naturen, ebenso wie andere Arten.

Es wäre falsch, daraus zu schließen, dass wir allmächtig sind, dass wir mit der Natur anstellen können, was wir wollen, da wir ja selbst zu ihr gehören, oder dass alles, was wir tun, in Ordnung ist, da es ja so natürlich ist wie alles Übrige auch. Es besteht immer noch ein Unterschied zwischen einem unberührten Berg und einem Einkaufszentrum,[54] doch der Unterschied ist keine Frage der Natürlichkeit, sondern des Urteils. (Wir neigen dazu, das als »natürlich« zu bezeichnen, was wir mögen und erhalten sehen wollen. Manchmal verwenden wir das Adjektiv »natürlich« aber auch zur Beschreibung dessen, was wir nicht mögen und »zivilisieren« wollen. Kurz gesagt, wir verbergen unsere Urteile hinter verschiedenen Varianten des Naturbegriffs.)

Gerade wenn es keine offensichtlichen äußeren Grenzen gibt, müssen wir klug genug sein, unsere eigenen Kriterien und Grenzen zu setzen. Gerade dann, wenn wir erkennen, dass es in gewissem Sinne keine äußeren Grenzen gibt, sollten wir uns selbst begrenzen. Gerade aufgrund unserer scheinbar unbegrenzten Macht, zu schaffen und zu zerstören, und weil die Natur nichts uns Äußerliches ist, müssen wir unsere Handlungen begrenzen und uns entscheiden, nicht alles zu tun, was machbar erscheint. Zuweilen müssen wir uns dafür entscheiden, nicht zu entdecken, was entdeckt, und nicht zu entwickeln, was entwickelt werden kann. Wenn es zwischen Mensch und Natur keine klaren Grenzen mehr gibt, dann werden wir, sobald wir uns selbst Grenzen setzen, zu einer Natur, die sich selbst verteidigt (so drücken Klimagerechtigkeitsaktivisten es aus) – ganz so, wie wir Menschen sind, die die Menschheit gegen sich selbst verteidigen.[55]

Kann sich aber eine Gesellschaft im Namen des guten Lebens selbst einschränken? Und wenn ja, wie? Wir wenden uns nun dieser Frage zu, indem wir uns eine Gesellschaft ansehen, die genau das getan hat.

4. Eine Kultur der Grenzen

Erysichthon war der König von Thessalien. Eines Morgens befahl er seinen Dienern, das Volk seines Reiches auf sein Anwesen zu bringen. Er versammelte die Menschen um den heiligen Hain der Erntegöttin Demeter. In der Mitte des Hains stand eine uralte Eiche. »Fällt sie«, befahl der König seinen Dienern. »Ich will einen Festsaal bauen.« Seine weise Tochter flehte ihn an, es nicht zu tun. Das sei Wahnsinn. Doch Erysichthon ergriff eine Axt und schlug hart auf den Baum ein. Dunkles Blut floss und der Geist des Baumes kreischte und drohte Erysichthon mit Rache. Der König lachte und der Baum fiel krachend zu Boden.

Nachts schlief Erysichthon und schnarchte mit offenem Mund. Demeter schickte ihm den Geist des Hungers. Der Hunger küsste den König. Am nächsten Morgen wachte Erysichthon auf und konnte nichts mehr schmecken. Er setzte sich hin und aß, mehr als er je gegessen hatte, mehr als seine ganze Stadt in Tagen essen würde. Dann verlangte er nach mehr – und nach noch mehr. Um seinen Hunger zu stillen, verkaufte Erysichthon sein gesamtes Hab und Gut. Doch das genügte nicht. Er verkaufte seine Tochter, die Prinzessin, als Sklavin.

Doch seine Tochter verwandelte sich in ein Pferd und entkam ihrem Herrn. »Verkaufe mich erneut«, flehte sie ihren Vater an, um ihn vor seinem Hunger zu retten. Sie floh als Vogel vor ihrem neuen Herrn, und vor dem nächsten als Schaf. Jeden Tag vollführte sie diesen Trick, bis sie eines

Tages zu spät zurückkam. Als er sich das Essen in den Mund stopfte, biss Erysichthon in sein eigenes Fleisch. Er probierte einen Finger, und der schmeckte gut. Der Arm auch. Und so kam es, dass König Erysichthon sich selbst verschlang.[1]

Geld, Demokratie und der Ursprung der Grenzen

»Die Griechen hatten für viele unserer zentralen Belange einen Mythos«, schreibt der Klassizist Richard Seaford, und der Mythos von König Erysichthon passt gut zur Problematik der Erderwärmung.[2] Die Verwandlung der Natur in ein Produkt führt zu einer Unersättlichkeit, aufgrund derer die (durch die Tochter symbolisierte) Zukunft geopfert wird. Diese Unersättlichkeit erweist sich als selbstzerstörerisch.

Nur wenige andere Zivilisationen haben sich so sehr mit der Frage der Grenzen beschäftigt wie die griechische. Wie Seaford es ausdrückt, verfügten die alten Griechen über eine »Kultur der Grenze«.[3] Bereits die Gründung der athenischen Polis zu Beginn des sechsten Jahrhunderts v. Chr. war ein Akt der rechtlichen Setzung von Grenzen. Solon nannte sich selbst einen *horos* (ὅρος), eine Grenze oder Grenzmarkierung, zwischen den beiden einander entgegengesetzten Klassen (reich und arm). Solon setzte Grenzen und bekannte sich zur Mäßigung, einem Prinzip der Grenzen, das er dem Kosmos zuschrieb und das zu den am intensivsten beschworenen und bewunderten persönlichen Eigenschaften im antiken Griechenland gehörte.[4] Nach Abschluss seiner gesetzgeberischen Arbeit und auf dem Höhepunkt seiner Macht ging Solon ins Exil, um der Versuchung zu entgehen, sich von seiner Macht zum Exzess verleiten zu lassen.[5]

In diesem Kapitel geht es nicht darum, dass wir zu den alten Griechen zurückkehren müssen, sondern dass wir von ihnen lernen können. Unsere Kultur ist durchtränkt von der Idee grenzenloser Akkumulation – von Macht und Reichtum. Eine Rhetorik der Grenzenlosigkeit geht Hand in Hand mit der Auferlegung strenger Grenzen für diejenigen mit weniger Macht. Aber im demokratischen Athen erlebten Männer aller Klassen eine nie dagewesene Freiheit und politische Macht, während die vorherrschende Kultur eine Kultur der Grenzen war. Natürlich können wir von östlichen oder anderen Kulturen eine Menge über Grenzen lernen, aber die klassischen Griechen »sind uns ähnlich genug, um verständlich zu bleiben«, und zugleich auch anders genug, um ein Licht auf unsere historische Kontingenz zu werfen.[6]

Ich erhebe nicht den Anspruch, hier eine Geschichte der Idee, geschweige denn der Institutionalisierung, von Grenzen im klassischen Griechenland vorzulegen. Abgesehen davon, dass ich selbst Grieche bin und einen großen Teil meiner Kindheit damit verbracht habe, davon zu träumen, dass ich Achilles sei, beanspruche ich keine Expertise in Sachen klassische Literatur. Auf die Bedeutung des antiken Griechenlands für die Frage der Grenzen bin ich durch die Arbeit von Castoriadis gestoßen, dessen Theorie der Autonomie, die für mein Argument hier so entscheidend ist, den Griechen viel verdankt. In jüngerer Zeit bin ich auf das bahnbrechende Werk des Klassizisten Richard Seaford über die Erfindung des Geldes gestoßen. Dessen These lautet, dass ein Großteil der griechischen Kultur und Philosophie als Reaktion auf den scheinbar grenzenlosen Charakter des Geldes entwickelt wurde. Ich beziehe mich in diesem Kapitel ausgiebig auf diese beiden Denker sowie auf Michel Foucaults Studie zur Sexualität im klassischen Griechenland.

Mithilfe dieser Autoren benutze ich Griechenland als heuristisches Mittel, ohne die Absicht, es zu heiligen. Wichtige Aspekte der griechischen Zivilisation, nicht zuletzt die Stellung der Frauen und Sklaven, sind wenig bewundernswert. Aber obwohl viele andere Gesellschaften vor oder nach Athen ebenfalls Frauen und Fremde ausgebeutet haben, hat keine andere Gesellschaft eine Demokratie gehabt, in der die Frage der Selbstbegrenzung so zentral war. Und das ist es, was mich hier interessiert. Wie kam es bei den Griechen zu einer Kultur der Begrenzung, und wie sah diese Kultur aus?

Die kurze Antwort auf die erste Frage, die nach den Ursprüngen, lautet: Geld und Demokratie. Die Griechen waren die ersten, die die Macht eines allgemein einsetzbaren Geldmittels erfuhren.[7] Für Seaford erklärt die potenziell unbegrenzte Natur des Geldes, die von vielen Griechen, von Solon bis Aristoteles, missbilligend beschrieben worden ist, die Sorge der Griechen um Grenzen. Die griechische Kultur kann als eine Reaktion auf jene unbegrenzte Macht des Geldes gedeutet werden, deren Entfesselung damals ihren Anfang nahm.

Aristoteles argumentierte, unsere Bedürfnisse seien zwar begrenzt, die Verwendung von Geld, um mehr Geld zu generieren, sei jedoch unbegrenzt.[8] Das unbegrenzte Wachstum der Geldsumme sei unnatürlich, da in der Natur alles eine Grenze habe.[9] Ein Baum zum Beispiel wächst nicht ewig. (Um es klar zu sagen: Aristoteles schreibt der Natur keine Grenzen zu. Im Gegensatz etwa zu Malthus vertritt er die Ansicht, dass wir, wie andere Lebewesen auch, von Natur aus dazu veranlagt sind, Grenzen zu setzen, anstatt uns der Grenzenlosigkeit hinzugeben. Unsere Bedürfnisse sind begrenzt; es ist das Geld, das unbegrenzt ist). Wie Marx, Aristoteles folgend, viel später schreiben sollte, kann

Geld gegen alles getauscht werden, und das ist es, was unser Verlangen nach Geld unersättlich macht. Im Gegensatz zu physischen Gütern gibt es keine Grenze für unser Verlangen nach Geld und dessen Akkumulation.[10] In Aristophanes' Komödie *Plutos* (*Der Reichtum*, ca. 388 v. Chr.) ist eine Figur erstaunt, dass man zwar von Sex, Brot, Musik oder Ehre genug haben kann, dies bei Geld jedoch nie so empfindet. Er ist begierig darauf, sechzehn Talente (eine antike Währung) zu beschaffen, aber sobald er sie hat, »nach vierzig giert er plötzlich jetzt«.[11]

Der Zusammenstoß zwischen der alten, gemeinschaftlichen Welt der Sippen und Rituale und der neuen, unpersönlichen Welt des Geldes stand im Mittelpunkt der griechischen Tragödie.[12] Der Tyrann, eine in der Tragödie häufig anzutreffende Figur, ist besessen vom Geld, das ihn von den Göttern und seiner Gemeinschaft isoliert. Der Tyrann »tötet seine eigenen Verwandten, schändet das Heilige und ist sehr mit Geld als Machtmittel beschäftigt«.[13] Die Tragödie war also »der Hauptort für die konflikthafte Synthese der rituellen (sozialen) Grenze mit dem monetären (individuellen) Unbegrenzten«.[14] Wie in Aischylos' Orestie-Zyklus siegt das Begrenzte stets über das Unbegrenzte; die Tragödie schließt mit der Beendigung des »potenziell grenzenlosen Kreislaufs der Rache« wie auch der »potenziell unbegrenzten Akkumulation von Reichtum«.[15]

Castoriadis sieht wie Seaford in der Tragödie eine Erinnerung an Grenzen, aber für ihn lautet die entscheidende, in der Tragödie verhandelte Frage, wie die Polis sich selbst Grenzen auferlegen kann. Die athenische Demokratie wurde nicht auf einer heiligen Schrift begründet; die kollektive Quelle des athenischen Gesetzes war das souveräne Volk. Die Griechen erhoben ihre eigene Polis »zum Status einer Gottheit […], würdiger der Verehrung als die Götter des Olymps«.[16] Die griechischen Götter waren höhere Mächte, aber nicht absolut oder weise (ganz im Gegenteil, wenn wir ihre Abenteuer und Missgeschicke betrachten). Wenn sie Entscheidungen über die Polis trafen, fragten die Griechen die Götter nicht um Rat.[17]

Aber wie entschieden die Menschen über Normen in einem Regime, das keine externen Normen kannte?[18] »In einer Demokratie«, schreibt Castoriadis, »können die Menschen alles tun – und müssen wissen, dass sie nicht alles tun sollten.«[19] Die griechische Kultur und Kosmologie, die politischen und wirtschaftlichen Institutionen sowie ein persönliches und politisches Ethos wurden um dieses Prinzip der individuellen und kollektiven Mäßigung oder Selbstbegrenzung herum aufgebaut.

Der Begriff der Hybris ist hier von zentraler Bedeutung. Hybris bedeutete für die Griechen nicht nur Arroganz und Überheblichkeit. Vielmehr war Hybris, wie Castoriadis betont, eine Überschreitung zuvor nicht definierter Grenzen.[20] Es ging nicht um die Missachtung einer zuvor von den Göttern gesetzten Grenze, sondern um Exzess: darum, zu viel von etwas zu nehmen und es den dafür zuständigen Göttern zu entziehen.[21] Der heilige Hain der Demeter ist ein Beispiel dafür. Hybris bedeutet, dass

> Grenzen, Begrenzungen, nicht im Voraus festgelegt werden können – deshalb ist Phronesis, Vorsicht, erforderlich. Die Grenzen existieren, und wenn wir sie überschritten haben, wird es zu spät sein, per Definition […]. Die Helden der antiken Tragödie erfahren erst nach der Katastrophe, dass sie von Hybris, von Exzess, bewohnt sind.[22]

Die Tragödie war also eine Kerninstitution der Selbstbegrenzung. Sie war nicht nur eine kulturelle Form, sondern ein Medium, durch das die griechische Gesellschaft ihren Handlungen Sinn verlieh und sich selbst reproduzierte. Die Tragödie machte die Folgen der Hybris erkennbar und erinnerte das Publikum daran, dass kollektive und individuelle Selbstbegrenzung für ein demokratisches Zusammenleben notwendig sind.

Sowohl die Tragödie als auch die Demokratie sind um 510 v. Chr. entstanden, also etwa eine Generation nach dem Beginn der Münzprägung in Athen. Die athenische Demokratie wurde gewissermaßen als Antwort auf die Probleme gegründet, die sich aus dem unbegrenzten Wachstum des Geldes ergaben. Ihre zentralen Institutionen sollten die Akkumulation von Geld und Macht begrenzen. Vor Solon kam es zu Bürgerkriegen, da Bauern, die ihre Schulden nicht bezahlen konnten, sich schließlich als Sklaven an reichere Landsleute verkauften. Das Wachstum der landwirtschaftlichen Produktion war von Natur aus begrenzt, doch für Zinsen und Schulden galt das nicht. Der Einfall, Geld gegen Zinsen zu leihen, bedrohte die athenische Gesellschaft mit einem Bürgerkrieg.[23] Solon erließ Schulden, schaffte die Versklavung zahlungsunfähiger Schuldner ab, verlieh den Bauern politische Rechte, beschnitt aristokratische Privilegien und begrenzte die Mitgift. Seine Logik war nicht die der Gerechtigkeit, sondern es ging darum, die Reichen von übermäßiger Akkumulation abzuhalten.[24] Solons Maxime wurde in das delphische Orakel eingeschrieben: »*Meden Agan*«, nichts im Übermaß.[25]

Anders als wir dachten die Griechen nicht, dass Individuen Reichtum schaffen. Die Götter gaben den Reichtum, und die Stadt verteilte ihn an die Einzelnen. Es gab Steuern, doch der private Reichtum in Athen war geringer als der öffentliche Reichtum, und er war nicht so konzentriert wie heute. Reiche Männer mussten einige Ausgaben der Stadt, hauptsächlich Feste und Schiffe, mit »Liturgien« finanzieren, die von den Magistraten bestimmt wurden (wenn eine bestimmte Person glaubte, dass jemand anderes reicher war, konnte er ihn zur Zahlung der Liturgie herausfordern oder Verantwortlichkeiten mit ihm tauschen).

Die athenischen politischen Institutionen verhinderten wiederum die unbegrenzte Akkumulation von Macht. Der Demos regierte, und die Bauern hatten (sofern sie männlich und Athener waren) das Recht, sich an der Regierung zu beteiligen. Dieses Recht war effektiv, nicht nominell; im Allgemeinen hatte der athenische Bauernbürger keinen Herrn und musste nicht für andere arbeiten.[26] Im Laufe des fünften Jahrhunderts v. Chr. bezahlte die Stadt die Bürger für politische Aufgaben – z. B. dafür, dass sie einer der sechstausend Geschworenen der Stadt wurden oder in der Ekklesia, der Versammlung, saßen. Auch der Militärdienst und die Mithilfe am Bau von Monumenten wurden vergütet. Geld wurde verteilt, damit die Leute das Theater besuchen konnten, und Fleisch wurde bei Opfergaben kostenlos zur Verfügung gestellt. Im Allgemeinen deckten solche direkten und indirekten Einnahmequellen die Grundbedürfnisse der Menschen ab und stellten sicher, dass jeder es sich leisten konnte, die nötige Zeit für die Angelegenheiten der Polis aufzuwenden. Niemand war von reichen Gönnern abhängig und musste sich von ihnen beeinflussen lassen.[27] Jeder Bürger konnte der Ekklesia auch ein Gesetz vorschlagen. Um einen möglichen Missbrauch dieser Befugnis zu verhindern, konnte aber auch jeder Bürger infolge eines solchen Vorschlags der Rechtswidrigkeit beschuldigt werden: Bürger konnten sich gegenseitig vor Gericht bringen, wenn sie das Volk dazu verleitet hatten, für ein Gesetz zu stimmen, das sich als schlecht erwies.[28]

In Bereichen, die spezielle Kenntnisse erforderten, einschließlich des Militärs, wurde Expertise anerkannt, und die besten Generäle wurden in die Armee gewählt. Die Politik wurde jedoch nicht als ein solcher Bereich angesehen. Die Magistrate wurden per Losverfahren gewählt und die Positionen rotierten,[29] damit niemand zu viel Macht akkumulieren konnte. Nachdem Kleisthenes, der Begründer der athenischen Demokratie, 508 v. Chr. die Tyrannen vertrieben hatte, wurden all jene geächtet, die im Verdacht standen, zur Macht aufsteigen zu wollen, und denen das Taktgefühl Solons fehlte, der gegangen war, bevor man ihn dazu hatte auffordern müssen.

Die Kunst der Selbstbegrenzung

Wie Michel Foucault in seiner faszinierenden Studie über Sexualität im antiken Griechenland zeigt, verinnerlichte die griechische Bevölkerung dieses politische Ethos der Mäßigung, das auch das persönliche Begehren regelte.[30] Mäßigung bedeutete nicht eine goldene Mitte oder die Vermeidung von Extremen, sondern, wie Solon es ausdrückte, »ein verborgenes Maß (der Intelligenz), das die Grenzen aller Dinge festhält«. Die Idee eines »kosmischen Maßes sowie die Empfehlung gemäßigten Verhaltens« finden sich sowohl bei Solon als auch in der Philosophie von Heraklit und den Pythagoräern.[31]

Die Griechen hielten den menschlichen Drang nach Geld oder Vergnügungen wie Sex, Alkohol und Essen für übermäßig. Die moralische Frage, mit der sich die Philosophen beschäftigten, lautete: Wie diesen Trieben begegnen, sie kontrollieren und beherrschen, wie ihre Ökonomie regulieren?[32] Die Philosophen setzten sich mit einem ähnlichen Problem auseinander wie Malthus, dachten aber nicht in Begriffen von Leid und Expansion. Die Griechen akzeptierten alle Begehrlichkeiten. Im Gegensatz zu Malthus, der wie ein christlicher Priester dachte, bestand das Vergehen nicht in der Begierde selbst, sondern, um Aristoteles zu zitieren, in der Versuchung, das natürliche Maß zu überschreiten, also mehr zu tun als angemessen.[33] Die Griechen unterschieden nicht zwischen guten und schlechten Begierden; sie arbeiteten stattdessen daran, die Kunst zu entwickeln, vergnügliche Aktivitäten auf die richtige Weise zu kontrollieren, zu begrenzen und aufzuteilen. Es ging darum, sich selbst als Subjekt zu konstituieren, das sein eigenes Verhalten kontrolliert.[34]

Persönliches Verhalten war nicht Gegenstand einer moralischen oder religiösen Doktrin, von Gesetzen und Kodizes, es wurde nicht begutachtet von religiösen Gremien mit der Autorität, Verhaltensweisen zu sanktionieren. Die griechischen Götter waren, um es milde auszudrücken, schlechte Vorbilder. Die jüdische oder christliche Sünde setzt eine klar definierte Dichotomie zwischen Erlaubtem und Unerlaubtem voraus; die Griechen sollten lediglich Exzess und Hybris vermeiden.[35] Die Art und Weise, wie Vergnügungen genossen wurden, war dann »ein moralisches Problem«[36] und eine Praxis, die Reflexion und Umsicht verlangte.[37] Es gab kein einheitliches, kohärentes System, das allen in gleicher Weise auferlegt wurde. Sowohl Philosophen als auch Ärzte schrieben zum Beispiel Ratgeber, die Diät- und Bewegungsregime empfahlen und Ratschläge zum richtigen Zeitpunkt für sexuelle Aktivitäten boten. Aber dies waren Abhandlungen über die Lebenskunst, deren Routinen darauf abzielten, Exzesse zu vermeiden und Maß zu halten.

Für Platon war Selbstbeherrschung ein aktiver Kampf um die Beherrschung der eigenen Begierden und Vergnügungen. Die Griechen hatten in der Tat eine agonistische Haltung gegenüber ihren Begierden.[38] Es ging jedoch nicht darum, die Begierden abzutöten, sondern sich ihrer bewusst zu sein und, was am wichtigsten war, die Kontrolle über alle zu kultivieren, die sich als gewalttätig oder selbstzerstörerisch erweisen konnten. Wie Aristippos es ausdrückte: »[D]as Lustverhalten souverän zu beherrschen ist das Beste, nicht die Abstinenz.«[39]

Im vorigen Kapitel haben wir gesehen, wie aus der ökonomischen Theorie die heute vorherrschende Ansicht hervorgegangen ist, unsere Bedürfnisse seien unbegrenzt und dürften nicht infrage gestellt werden. Sie müssten vielmehr in vollem Umfang verfolgt werden, und wir hätten so viel wie möglich zu produzieren, um sie zu befriedigen. Alles andere schränke die Freiheit ein, nämlich die Freiheit, unseren Wünschen nachzugehen. Die Griechen hatten eine ganz andere Sichtweise: Für sie war Selbstbeherrschung die Quelle der Freiheit – Freiheit nicht als Unabhängigkeit des freien Willens begriffen, sondern als Freiheit von der Beherrschung durch die Lust.[40] Beherrschung bedeutete ihnen nicht Verzicht oder Verleugnung der Lust, sondern Reflexion. Selbstbeherrschung galt als eine notwendige Eigenschaft all derer, die andere zu führen beanspruchten. Nach Platons Ansicht war der lasterhafte Herrscher, wie der Tyrann der Tragödie, unfähig, seine eigenen Leidenschaften zu beherrschen, und infolgedessen anfällig dafür, seine Macht zu missbrauchen und seinen Untertanen Gewalt anzutun. Der weise Führer war zuerst Herr über sich selbst, seine Selbstbeherrschung mäßigte seine Herrschaft über andere.[41]

Bei der Lektüre von Foucault ist mir klar geworden, dass meine eigene Faszination für Selbstbegrenzung und Mäßigung ein Produkt meiner Erziehung und meines Eintauchens in die antike griechische Kultur während einer prägenden Lebensphase war. Die Moral der Odyssee und der Ilias, die Mythen und Legenden, die ich als Kind las, beeinflussten meine eigene moralische Beschaffenheit. Und diese Moral und diese Geschichten enthielten den Kern der Vorstellungen, die die Griechen über die Welt hegten, in der sie lebten, sowie über die von ihnen geschaffene Gesellschaft.

Die Metaphysik der Grenzen

Die Griechen projizierten ihre gesellschaftliche und persönliche Realität auf die Welt und das Universum. Seaford zufolge kann es kein Zufall sein, dass wir in der Philosophie von Anaximander aus dem frühen sechsten Jahrhundert v. Chr. zum ersten Mal auf die Vorstellung eines Kosmos ohne anthropomorphe Gottheiten stoßen, verbunden mit der Idee einer einheitlichen, alles durchdringenden, abstrakten und transzendenten Substanz, die stark an Geld erinnert. Anaximander stammte aus der Stadt Milet, die vielleicht die erste vollständig monetarisierte Gesellschaft war. Mit anderen Worten: Die Philosophen projizierten den Konflikt zwischen sozialer Begrenzung und der unbegrenzten Macht des Geldes auf das Universum. Die Pythagoräer des sechsten Jahrhunderts v. Chr. betonten metaphysische Grenzen und argumentierten, das Universum entstehe als ein Prozess der Begrenzung des Unbegrenzten.[42] Für Anaximander kommt alles aus der Unendlichkeit und kehrt auch dorthin zurück. Jedes Wesen ist einer Grenze unterworfen und kehrt ins Grenzenlose zurück. Eineinhalb Jahrhunderte später sollte Platon argumentieren, die Grenze habe das Unbegrenzte zu beherrschen, und Aristoteles sollte die Grenzenlosigkeit als schlecht anprangern und für Grenzen eintreten.[43]

Ich will nicht behaupten, die Ontologie der Griechen habe auf Grenzen beruht, während unsere auf Grenzenlosigkeit beruhe. Wie ich am Beispiel von Malthus gezeigt habe, liegen die Dinge komplizierter. Malthus' begrenzte Welt ist das Ergebnis grenzenloser Bedürfnisse: Grenzen werden beschworen, wenn es um Umverteilung geht, doch wenn der Expansion das Wort geredet werden soll, wird auf Grenzenlosigkeit Bezug genommen. Die besondere Beziehung, die die Griechen zwischen Grenzen und dem Unbegrenzten sahen, unterschied sich allerdings von der unseren, und solche Unterschiede können erhellend sein. Einige vorsokratische Philosophen stellten sich die Welt als unbegrenzt vor; Anaximander sagte, die Grundsubstanz von allem sei die Unendlichkeit (das *apeiron*), womit er das Unbegrenzte meinte. Und Heraklit betrachtete den Kosmos als ein ewiges, in ständigem Wandel begriffenes Feuer. Jeder von ihnen stellte sich auch die Existenz eines kosmischen Prinzips vor, das durch eine Art Balanceakt, eine Art wechselseitige Aufhebung entgegengesetzter Kräfte, Grenzen setzt.[44] In ähnlicher Weise betrachteten die frühen Pythagoräer die Welt als aus Gegensätzen zusammengesetzt, wobei der grundlegendste Gegensatz der zwischen Grenze und Unbegrenztem ist; die Grenze ist dem Unbegrenzten überlegen, und die Kosmogonie ist die Begrenzung des Unbegrenzten.

In der Tat besteht, wie ich zuvor am Beispiel von Kunstwerken dargelegt habe, das, was die menschliche Kultur im Allgemeinen tut darin, das Unbegrenzte zu begrenzen. Jede Art von Ordnung oder Schöpfung (Malerei, Gesetzgebung oder der Bau eines Tisches) bringt eine Begrenzung des Unbegrenzten mit sich. Es ist allerdings so, dass diese Tatsache in der neu monetarisierten Gesellschaft der Griechen besondere Bedeutung erlangte, wo zum ersten Mal ein von Menschen geschaffenes Unbegrenztes die Polis zu zerstören drohte.[45] Solon akzeptierte die Idee, dass es keine sichtbare oder leicht verständliche Grenze gab, aber wie die Philosophen behaupteten, gab es etwas mit universeller Begrenzungskraft. Die Griechen projizierten eine begrenzende Kraft auf den Kosmos, eine Entität, die sie als real und existent ansahen. Die Kosmogonie war die Begrenzung des Unbegrenzten durch etwas, das nicht weniger real war als die unbegrenzte Materie.

Hier sei mir eine Abschweifung gestattet: Dieser Aspekt der griechischen Ontologie und Kultur hat Züge mit den egalitären Gesellschaften von Jägern und Sammlern gemeinsam, wie sie von Anthropologen untersucht worden sind.[46] Auch diese Jäger und Sammler leben in einer Welt der Grenzen innerhalb von Grenzenlosigkeit. Sie sehen die Natur als unbegrenzt, aber sie reagieren auf sie mit Grenzen. Wie die Griechen schaffen sie Institutionen, um die Akkumulation von Ressourcen und Macht einzudämmen – von der Bestrafung erfolgreicher Jäger bis hin zum Teilen und Konsumieren aller Beute, also einem Akkumulationsverbot.[47] Auf die Gefahr hin, die Parallelen überzubetonen, würde ich auch die animistische Sicht auf das Universum erwähnen, die Jäger-und-Sammler-Gesellschaften mit der griechischen Gesellschaft gemeinsam haben. Im griechischen Mythos wird die Natur vermenschlicht: Götter werden zu Tieren, kopulieren mit Menschen und dergleichen mehr. In älteren, traditionellen Gesellschaften gibt es keine Grenze zwischen dem Menschlichen und dem Nicht-Menschlichen: eine Einsicht, zu der wir Modernen erst kürzlich in unseren Theorien über das Anthropozän und das Ende der Natur gelangt sind. Interessanterweise wurde diese Einheit der sozio-natürlichen Welt von den Alten nicht als eine Einladung zur endlosen Ausbeutung gesehen, sondern als ein Gebot der Vorsicht angesichts des Risikos der Hybris.

Grenzen und Tod

Der Tod ist natürlich die Grenze schlechthin, und der Gedanke, die menschliche Angst vor Grenzen könne etwas mit der Angst vor dem Sterben zu tun haben, scheint nicht weit hergeholt. Anders als religiöse Gesellschaften versuchten die Griechen nicht, das Abgründige des Todes zu beschönigen oder zu exorzieren.[48] Für die Griechen, schreibt Castoriadis, »ist das Grundlegende die Sterblichkeit. Die Sterblichen sind die Menschen: das ist es, was das Menschsein ausmacht.«[49] Die Griechen verliehen dem Leben und dem Tod durch Rituale einen Sinn, durch mystische Einweihungen, von denen wir wenig wissen, die aber bemerkenswerterweise *telos* (Vollendung oder Ende) genannt wurden. Todesrituale, wie Beerdigungen, setzten der Subjektivität des Todes und dem potenziell unbegrenzten Schmerz der Angehörigen Grenzen. Die Griechen erlebten und reproduzierten ihre sozialen Grenzen, wie die physische Grenze des Todes, durch das Ritual; viele Tragödien konzentrierten sich auf die Perversion des Rituals, die Perversion der sozialen Grenzen durch die unbegrenzte Macht des Geldes.[50]

Wie viele Menschen heute glaubten auch die Griechen nicht an den Mythos eines glücklichen Lebens nach dem Tod. Im Hades, der Unterwelt der Toten, wurden selbst aus Heroen elende Schatten.[51] Der Hades stand für die Nichtigkeit des Todes. Doch nachdem sie die ultimative Grenze des Todes akzeptiert und sich somit von dem Wunsch befreit hatten, eine Grenze zu überschreiten, die nicht überschritten werden kann, waren die Griechen in der Lage zu akzeptieren, dass wir es sind, die unserem Leben einen Sinn verleihen. Wir müssen ihn nicht bei den Göttern oder im Jenseits suchen. Homers Heroen wissen, dass sie sterben werden, wenn sie auf eine bestimmte Art und Weise handeln, aber sie handeln auf diese Art und Weise und wählen die Bedingungen ihres eigenen Todes, was paradoxerweise ein ultimativer Akt der Freiheit und der Konstruktion von Sinn ist – einschließlich des Sinns des eigenen Todes.[52]

Die Interpretationen, die ich Castoriadis entnehme, könnten nun auch unzutreffend sein, denn es gibt keinen Mangel an Belegen dafür, dass es zu bestimmten Zeitpunkten in der griechischen Geschichte den starken Glauben an ein glückliches Nachleben gab; es gab sogar damit zusammenhängende Rituale. Ich zitiere das Werk von Castoriadis, weil es uns hilft, darüber nachzudenken, in welchem Sinn eine Kultur der Grenzen eine Kultur sein muss, die den Tod akzeptiert und keine, die ihn, wie unsere, zu verbergen oder zu verdrängen sucht. Anders als die Griechen, die sich um das Unbegrenzte sorgten, besteht unsere Hauptangst heute darin, dass wir an eine Grenze stoßen könnten. Unsere ultimative Angst und Grenze ist der Tod, den wir nicht mehr akzeptieren und mit dem wir nicht mehr umgehen können.

Ich habe das vor fünf Jahren anlässlich des plötzlichen Todes meiner Mutter an mir selbst erlebt. Sie erlitt einen Schlaganfall, als sie einen Vortrag zum Gedenken an den siebzehnten November halten wollte, dem Tag, an dem die Studenten in Athen revoltierten und das Ende der Militärjunta einläuteten. Im Angesicht eines unerwarteten Todes fand ich mich ohne Rituale und Strukturen wieder, die es mir vielleicht erlaubt hätten, mit diesem nicht unvorstellbaren, aber niemals wirklich begreifbaren Verlust fertigzuwerden. Unfähig, mit einer unvorstellbaren Grenze umzugehen, besteht unsere einzige Reaktion darin, zu denken, diese Grenze existiere nicht – bis sie es dann doch tut. Es ist also kein Zufall, dass wir in unserer vermeintlich entzauberten Welt immer noch von Unsterblichkeit phantasieren, wie unser Gesundheitswahn und unsere »Verschleierung des Todes« zeigen.[53] Diese Fantasie hat sich in die Vorstellung von unendlichem Fortschritt und Wachstum übertragen.

So überrascht auch unser irrationales Selbstmordtabu nicht, wohingegen Selbstmord in der Antike durchaus ehrenhaft sein konnte. Oder man denke an die typische Hollywood-Handlung, in der der Held mit einer Reihe tödlicher Bedrohungen konfrontiert wird, nur um diese zu meistern und glücklich bis ans Ende seiner Tage zu leben. Unfähig, einen Sinn zu finden – denn sind die Götter einmal fort, gibt es keinen mehr –, hat unsere Kultur die Suche nach dem Sinn in einen Kampf um das Leben und gegen den Tod umgedeutet; das Leben ist zum Sinn an sich geworden.

Wachstum um seiner selbst willen ist eine weitere Ausprägung dieses psychosozialen Impulses. Westliche Gesellschaften sehen eine hohe Lebenserwartung als den ultimativen Indikator für soziales Wohlergehen an, und wir nutzen diesen Indikator, um Wachstum zu rechtfertigen. Wir sollen uns um uns selbst kümmern, um so viele Jahre wie möglich zu leben. Aber warum? Wir kennen die Antwort nicht wirklich. Leben ist für uns der Sinn des Lebens, und wir wollen es unendlich verlängern. Die Griechen hingegen tadelten jene, »die nur ja nicht das Leben verlieren und mit allen Mitteln den von der Natur gesetzten

Zeitpunkt hinausschieben wollen«.[54] Es ging ihnen nicht darum, »das Leben in seiner Dauer und in seinen Leistungen auf das äußerste zu steigern, sondern […] es vielmehr in den ihm gesetzten Grenzen nützlich und glücklich [zu] machen«.[55]

Diese Freiheit, innerhalb der durch den Tod gesetzten Grenzen zu handeln, unterscheidet sich von unserer neuzeitlichen Vorstellung von Freiheit als dem Recht, alle möglichen Kräfte zu mobilisieren, um die Natur zu unterwerfen und unsterblich, also unmenschlich zu werden.

In *Das Unbehagen in der Kultur* argumentiert Freud, wir seien alle mit einem Lebens- und einem Todestrieb ausgestattet.[56] Hunger, Sex oder Liebe seien Lebenstriebe. Wir hätten jedoch auch eine primordiale Sehnsucht nach einem infantilen Stadium, in dem wir unsere Trennung von der Umwelt noch nicht begriffen hätten. Dieser Todestrieb, eine Sehnsucht nach unserer eigenen Auflösung, werde durch seine Verdrängung zu einem aggressiven Instinkt, andere zu zerstören, so Freud. Die Zivilisation begrenze diese Sehnsucht nach Grenzenlosigkeit, doch wir würden darunter leiden, unser instinktives Verhalten einschränken zu müssen. Beeinflusst von Malthus gelangte Freud zu dem Schluss,[57] die Grenzen, die wir gesetzt und verinnerlicht haben, um uns selbst zu kontrollieren, seien eine ebenso bedeutende Leidensursache wie es die Zerstörung wäre, die eine Entfesselung unserer Instinkte verursachen würde. Für Freud nährt die Unterdrückung unserer Instinkte unsere Unzufriedenheit. Die Griechen lassen uns jedoch die Beziehung zwischen Begehren und Tod, zwischen Instinkt und Grenze, auf eine andere Weise sehen: eine, die in der Tat die Entwicklung der Psychoanalyse vorwegnimmt.

Auch die Griechen sahen die potenzielle Destruktivität unserer überschüssigen Energie. Aber im Gegensatz zu Malthus, Freud und den Modernen begriffen die Griechen Selbstbeschränkung nicht als Leidensquelle. Sie sahen Begrenzung als normal an (und Leid als Teil des Lebens). Es ist offensichtlich, dass wir unsere Instinkte beherrschen und gestalten müssen; das ist der Preis der Zivilisation. Das Problem mit uns Modernen ist nicht, dass wir den Todestrieb unterdrückt haben, sondern dass wir in unserer Ablehnung des Todes nur mit Gewalt auf den Tod reagieren können: Wir versuchen, ihn zu überwinden, indem wir die Natur unterwerfen oder den Tod auf andere abwälzen. Indem sie den Tod ebenso akzeptierten wie ihre Gewaltinstinkte, versuchten die Griechen, beide zu beherrschen.

Wie sich herausstellt, deckt sich das mit dem Projekt der Freud'schen Psychoanalyse. Die Psychoanalyse akzeptiert, dass unser Streit mit den Instinkten niemals beigelegt werden kann. Unsere Begierden sind widersprüchlich und potenziell gewaltsam. Wir können uns nicht zu Heiligen machen, die von allem Leid befreit sind, doch wir können uns selbst besser verstehen – unsere Wünsche und die Ergebnisse ihrer Unterdrückung akzeptieren –, um dann unsere Grenzen bewusst zu wählen und Fantasie und Wünsche ohne Angst zu befreien. Die Zivilisation hat einen eingebauten Zerstörungstrieb, aber im Gegensatz zu dem, was Malthus und viele andere dachten, kann er kontrolliert werden. Wir können weniger Leid anstelle von Zerstörung haben, in dem Maße, wie es uns gelingt, Mechanismen einzuführen, die uns helfen, über unsere Wünsche nachzudenken und mit denen, die übermäßig sind, umsichtig umzugehen. Auf der Ebene des Individuums ist dies die Aufgabe der Psychoanalyse; auf der Ebene des Kollektivs, so argumentierte Castoriadis, die Rolle der Demokratie.[58] Die Psychoanalyse hilft uns, mit dem Begehren und dem Tod zurechtzukommen und die Angst zu überwinden: zu leben, statt gelähmt zu sein oder gewalttätig zu werden. Wie bei den Griechen geht es darum, kreatives von destruktivem Begehren zu trennen, das Begehren freizusetzen und daran zu arbeiten, es zu gestalten.

Um zu meiner Lieblingsallegorie zurückzukehren (nur für den Fall, dass ich meine Leser noch nicht davon überzeugt habe, sich den Film anzusehen): Ist 1900 an Bord geblieben, weil er sah, dass er seine Wünsche innerhalb der Grenzen des Schiffes besser entfalten konnte als in der grenzenlosen Stadt? Oder hegte er den Wunsch, in die Stadt zu gehen, blieb aber aus Angst oder Schuldgefühlen im Schiff gefangen? Hat er sich auf eine Gewissensprüfung eingelassen und seine eigenen Grenzen gewählt, oder wurde er durch seine Vergangenheit eingeschränkt? Eine solche Auffassung von persönlicher Freiheit als innerer Suche könnte nicht weiter entfernt sein von der Freiheit des Robinson Crusoe und seinem verzweifelten Drang, die eigene innere Leere durch Aktivitäten auszufüllen, die sowohl destruktiv als auch sinnlos sind und durch die er sich letztlich selbst unterdrückt.

Eine Kultur der Grenzen zurückgewinnen

Westliche Gesellschaften haben wichtige Grenzen reflektiert und gesetzt, vor allem seit der unvorstellbaren Selbstzerstörung durch die beiden Weltkriege. Unsere Geschichte der Gesetze und Grenzen ist ebenso eine Geschichte des westlichen Fortschritts wie Brücken, Dämme, Raumschiffe und Computer. Nach dem Zweiten Weltkrieg bemühten sich die westlichen Länder eine Zeit lang, die Ungleichheit und die Akkumulation von privatem Reichtum zu begrenzen, indem sie die Wohlhabenden in einer Weise besteuerten, die heute undenkbar erscheint, und sie setzten Grenzen für Arbeitszeiten und Umweltschäden. Wir haben die Verbreitung von Atomwaffen und die Forschung an neuen Waffen begrenzt; wir haben eingeschränkt, wie schnell wir Auto fahren, wo und wann wir Tabak rauchen dürfen, wie sehr wir unser Essen vergiften oder unser Wasser verschmutzen, und was wir einander ungestraft antun können.

Die revanchistische Tendenz seit den 1980er-Jahren ist jedoch eine der Deregulierung, mit der Aufhebung von Grenzen für Geldflüsse und Akkumulation oder von ökologischen und sozialen Schutzmaßnahmen. Die Erderwärmung macht deutlich, wie selbstzerstörerisch es ist, keine Grenzen zu haben. Aber die Reaktion der Machthaber und vieler ihrer Anhänger auf die Abrechnung mit der Hybris besteht in Verleugnung und einer Verdoppelung der Bemühungen, alle verbleibenden Grenzen zu deregulieren – vom Rohstoffabbau in Naturschutzgebieten über die Förderung von besonders schmutzigem Öl oder von Kohle bis hin zu Sonntagsarbeit – alles im Streben nach grenzenloser Expansion: Sinnlosigkeit auf der Suche nach Sinn.

Wir Modernen haben eine Kultur der Grenzen noch nie so sehr gebraucht wie heute. Gleichzeitig sind wir vielleicht noch nie so feindselig gegenüber Grenzen gewesen wie heute. Von Selbsthilfebüchern darüber, wie man seine Grenzen überwindet, über »No-Limits«-Trainingsroutinen bis hin zu Liedern und Werbespots, die uns sagen, dass es keine Grenzen für das gibt, was wir erreichen können – unsere Kultur ist besessen von Grenzen, aber nicht auf die Art, wie es die Griechen waren. *Ohne Limit*, der Science-Fiction-Thriller aus dem Jahr 2011 mit Bradley Cooper in der Hauptrolle, ist ein gutes Beispiel dafür. Cooper spielt einen gescheiterten Autor, der unter einer Schreibblockade leidet und von seiner Freundin verlassen worden ist. Eine neue nootropische Droge soll die Rettung bringen. In ein paar Stunden vollendet Coopers Figur seinen Roman, der ein sofortiger Erfolg wird und zu noch mehr Erfolg führt. Der Haken an der Droge ist jedoch, dass er mehr und mehr davon braucht, um durchzuhalten. Ohne sie wird er zusammenbrechen und sterben.

Ich gehöre zu einer älteren Generation als das Zielpublikum dieses Films, und wartete während der Vorstellung auf eine Art Nemesis oder einen Weg zur Erlösung. Aber anstatt zu sterben oder die Droge aufzugeben, sichert sich Cooper seinen eigenen unbegrenzten Vorrat, lernt, die Nebenwirkungen zu überstehen, bekommt seine Freundin zurück und steigt zum US-Senator und zukünftigen Präsidenten auf. Hybris und Unmoral bleiben nicht nur unbestraft, sie werden verherrlicht. Der süchtige Held geht über Leichen, um seine Dosis zu bekommen, und wird auf seinem Weg zum mächtigsten Mann des Landes zum Betrüger. War der Mythos von Erysichthon ein idealer Mythos für eine Kultur der Grenzen, so offenbart diese moderne Geschichte eines enthemmten Königs, der seinen Willen bekommt, die Pathologie einer Zivilisation, die davon besessen ist, Grenzen um jeden Preis zu überwinden. Es ist die Macho-Pathologie der neuen Generation von Herrschern, die stolz auf ihren Mangel an Mäßigung sind, die Kohle und Öl um jeden Preis fördern wollen und bereit sind, die letzten Ureinwohner im Amazonasgebiet zu eliminieren, um mehr Bäume zu fällen und mehr Mineralien abzubauen.

Die Griechen waren natürlich alles andere als perfekt, und ihre Geschichte war kaum eine friedliche oder ideale. Wir können nicht zu den Griechen zurückkehren, noch sollten wir das. Und wir können nicht die Bedingungen reproduzieren, die an ihrem besonderen Ort und zu ihrer besonderen Zeit zu einer Kultur der Grenzen geführt haben. »Wir müssen weiter gehen als die Griechen und die Modernen«, um eine echte Demokratie der Selbstbegrenzung unter den heutigen Bedingungen zu etablieren.[59] Wir können stolz auf die Grenzen sein, die wir erreicht haben und die sie nicht erreicht haben. Aber Fortschritt kann heute mehr denn je bedeuten, stehen zu bleiben – und nicht weiter zu wachsen.[60] Wie Walter Benjamin kurz vor dem Zweiten Weltkrieg schrieb, ist es an der Zeit, »nach der Notbremse zu greifen«.

Die Zeichen stehen nicht gut. Doch es gibt keine Alternative dazu, darauf zu bestehen.

5. Die Begrenztheit von Grenzen

Bis jetzt habe ich für Grenzen als Ausdruck eines Wunsches nach Freiheit, Gerechtigkeit und Nachhaltigkeit plädiert. In diesem Kapitel folge ich einigen losen Fäden in meiner Argumentation, die es mir erlauben, die Grenzen meiner eigenen Argumentation zugunsten von Grenzen zu untersuchen. Ich werde hier deklarativer sein als in den vorangegangenen Kapiteln, und ich möchte die Leser bitten, meine Erklärungen eher als Provokationen denn als Gewissheiten zu betrachten. Die folgenden Abschnitte bieten vorläufige Antworten auf Fragen, mit denen ich konfrontiert wurde, während ich mein Plädoyer für Grenzen formulierte.

Grenzen für wen?

Ich habe viel über Grenzen zu sagen gehabt, die wir uns selbst auferlegen, wie 1900. Aber ich habe weniger über die Grenzen gesagt, die eine Gruppe einer anderen auferlegt. Wie Malthus suchen sich die Mächtigen oft eine schwächere Gruppe aus, die sie im Namen des Gemeinwohls einschränken – seien es Arme, Ausländer, Menschen mit anderer Hautfarbe oder Einwanderer. Solche Ansprüche zur Begrenzung des anderen gehen Hand in Hand mit Macht und Kontrolle, wenn nicht gar Gewalt, die von den Begrenzern ausgeübt werden. In anderen Fällen sind es die Schwachen und

Marginalisierten, die Grenzen setzen, um andere daran zu hindern, in ihren Raum einzudringen; man denke an eine Community, die einen multinationalen Konzern daran hindert, ihren heiligen Wald abzuholzen. Gewalt wird hier oft nicht im Namen von Grenzen ausgeübt, sondern von Befürwortern grenzenloser Expansion und gegen diejenigen, die Grenzen verteidigen.[1]

Wie können wir vernünftige von unvernünftigen Ansprüchen auf Grenzen unterscheiden? Ein Ansatz könnte sein, sich auf Gerechtigkeit und Macht zu konzentrieren. Werden Forderungen nach Grenzen aus einer Machtposition heraus formuliert oder nicht? Grenzen, die ein bestimmtes Interesse gegen das Gemeinwohl schützen, sind problematisch. Sind diejenigen, die Begrenzungen fordern, auch bereit, sich selbst in Übereinstimmung mit den Grenzen, für die sie eintreten, zu begrenzen?

Verschiedene Gruppen können jedoch unterschiedliche Ansichten darüber haben, was das Gemeinwohl ausmacht und wen es umfasst, was gerecht ist oder wer über weniger oder mehr Macht verfügt. Ist eine indigene Gruppe, die einen heiligen Wald innerhalb der nationalen Grenzen schützen will, dem Sankt-Florians-Prinzip verfallen? Und wenn es bei einem Kampf um das Gemeinwohl geht, was ist dann mit den Kämpfen derjenigen, die Schutzgebiete oder Regeln zum Schutz gefährdeter Arten nicht mögen und sich im Konflikt mit einer allzu mächtigen Regierung sehen? Zudem können selbst Grenzen, die »wir« uns selbst setzen, immer noch die Unterdrückung einer Minderheit unter »uns« bedeuten, die diese Grenzen nicht will. Es gibt hier keine einfache Lösung; Praktiken und Diskurse um Grenzen können problematisch sein. Das ist jedoch kein Grund, vor ihnen zurückzuschrecken.

Was wird begrenzt?

Ein weiteres Problem meiner Darstellung ist, dass ich nicht genau angegeben habe, welche Begrenzungen ich im Sinn habe. In liberalen Demokratien gibt es bereits Gesetze und Grenzen. Möchte ich Grenzen für alles? Auch Begrenzungen für gute Dinge wie saubere Energie oder Bildung? Wenn nicht, was soll dann begrenzt werden?

In der Tat habe ich ein allgemeines Plädoyer für eine Kultur der Vorsicht gehalten – eine Kultur, die reflexartig eher zu Grenzen als zur Grenzenlosigkeit neigt. Ein Bereich, in dem Vorsicht notwendig ist, ist die Technik. Wir können nicht aufhören, nach Wissen zu streben, aber wir können auch nicht länger so tun, als sei das grenzenlose Streben nach Technik unproblematisch. Wir sind die erste überwiegend säkulare Gesellschaft, die Institutionen entwickeln muss, um die Richtungen zu begrenzen, die das Wissen einschlägt, ohne das Wissen selbst zu begrenzen. Wie wir das erreichen können, ist schwer zu sagen, doch die Erkenntnis, dass wir es tun müssen, ist ein entscheidender Anfang.

Was wir auch begrenzen müssen, im Sinne der alten Griechen oder egalitärer Gesellschaften, ist die grenzenlose Akkumulation von Geld und Macht. Akkumulation – Wirtschaftswachstum – ohne Limit, selbst verbunden mit dem Streben nach Macht, ist das, was uns mit ökologischer Selbstzerstörung bedroht. Die Griechen hatten keine Ahnung von der Art der Umweltkatastrophe, der wir heute gegenüberstehen, aber sie kannten die zerstörerische Kraft des Geldes. Wie zu Solons Zeiten ist es die Anhäufung von Geld in den Händen von Wenigen, die es gegen Zinsen an Viele verleihen, die Ungleichheiten und die Spaltung der Gesellschaft vorantreibt. Interne Ungleichheit wiederum treibt die externe Expansion an (eben das Wachstum, das

Malthus befürwortete), und damit schließlich den ökologischen Zusammenbruch.

Viele radikale Vorschläge für Wirtschaftsreformen können heute als Versuche gelesen werden, die Akkumulation und Reichweite des Geldes zu begrenzen: Vorschläge, einen Höchstlohn einzuführen,[2] hohe Einkommen, Vermögen und Erbschaften zu besteuern,[3] zu regulieren, wie viel private Banken verleihen können,[4] den Gebrauch von Geld als allgemeinem Zahlungsmittel einzuschränken,[5] die Arbeitszeit zu verkürzen[6] oder das private Vermögen zu begrenzen, das in Lobbyarbeit oder politische Kampagnen fließt. Das Ausbremsen der Geldvermehrung und die Beschränkung des Bereichs, in dem Geld zum Einsatz kommt, wird den Ressourcenverbrauch und die Umweltverschmutzung verlangsamen. Darüber hinaus könnten wir durchsetzbare Begrenzungen für die Umweltverschmutzung, etwa in Bezug auf Kohlenstoffemissionen, sowie für den Abbau oder die Nutzung schädlicher Ressourcen wie fossiler Brennstoffe neu einführen. Die Begrenzung oder vielmehr die Umgestaltung materieller Bedürfnisse wird ein wesentlicher Bestandteil eines solchen Wandels sein.

Grenzen erfordern auch eine weitergehendere Demokratie, um die Akkumulation von Macht einzuschränken: kürzere Amtszeiten und mehr Rotation der Ämter, mehr Wahlen durch Losverfahren (ähnlich der Auswahl von Geschworenen), direkte Beteiligung aller Bürger. Eine logische Folge dieser Reformen ist die Idee eines garantierten Grundeinkommens oder eines kostenlosen Bündels öffentlicher Dienstleistungen,[7] denn wie die Athener erkannt hatten, setzt wirksame Partizipation Zeit und wirtschaftliche Freiheit voraus.

Ich werde meine Liste von Vorschlägen hier beenden,[8] damit man mich nicht für verrückt hält. Doch solche Vorschläge als verrückt zu betrachten, zeugt sicherlich von unserer schlimmen Lage, in der bereits die Vorstellung von Grenzen abwegig erscheint.

Politik der Selbstbegrenzung

Zugegeben, angesichts des aktuellen Zustands der Politik erscheinen die oben genannten Änderungen utopisch. Das Fehlen eines gangbaren Wegs zur Umsetzung könnte als Manko meines Arguments zugunsten von Grenzen angesehen werden. Doch Wahrheit oder ethischer Gehalt eines Arguments hängen nicht davon ab, ob es politisch korrekt oder praktisch umsetzbar ist. Politische Veränderungen sind eine Frage des Willens und der Kontingenz. Wir werden nie erfahren, ob eine Kultur der Grenzen und ihre Institutionen möglich sind, wenn wir von der Prämisse ausgehen, dass sie es nicht sind.

Dinge, die für frühere Gesellschaften tabu waren, sind in unserer Gesellschaft erlaubt und umgekehrt. Wir schränken Verhaltensweisen ein, die für andere Zivilisationen akzeptabel sind oder waren, von Vergewaltigung und häuslicher Gewalt bis hin zu schnellem Fahren und Rauchen im öffentlichen Raum. Wenn wir auf die Geschichte zurückblicken, sehen wir strukturelle Veränderungen, aber wir können nicht sehen, wie sich die Veränderung vollzieht. Die Griechen haben eine Kultur der Grenzen nie vollständig geplant, doch sie haben eine bekommen. Ihre Kultur und Institutionen resultierten aus koevolutiven Veränderungen – kosmologischen, philosophischen, ethischen, politischen und technischen – im Kontext eines materiellen Substrats (der Erfindung des Geldes). Wenn unser Substrat eine sich auflösende Ökologie und ein klimatischer Zusammenbruch ist, sollten wir erwarten, dass neue Denkweisen entstehen und sich gemeinsam mit neuen Praktiken entwickeln. Aufkommende Philosophien des »Limitarismus«[9] oder Papst Franziskus' *Laudato si*, ein starkes, spirituelles Plädoyer für Grenzen,[10] sind Belege dafür, dass im Reich der Ideen etwas im Gange sein könnte. Eine Koevolution in Richtung Selbstbegrenzung würde politische Kämpfe und die Institutionalisierung neuer Grenzen, neuer philosophischer und wissenschaftlicher Konzepte, neuer künstlerischer und kultureller Formen, neuer Formen des Denkens, des Seins und des Begehrens sowie neuer Rituale des Zusammenkommens erfordern. Doch wer sollte das vorantreiben?

Es könnte eine beträchtliche Minderheit von Menschen geben, die den Wert eines einfachen Lebens erkannt hat.[11] Ein gemeinsamer Sinn für Grenzen und Genügsamkeit ist weit verbreitet; er findet sich in religiösen und spirituellen Lehren, auch wenn er in der heute vorherrschenden Lebensweise an den Rand gedrängt wird.[12] Zum Teil liegt das daran, dass ein Leben innerhalb von Grenzen mit dem Expansionsimperativ des aktuellen Systems kollidiert. Gesetzliche Eingriffe haben zum Beispiel die Fähigkeit der Menschen beschnitten, die Anzahl ihrer Arbeitsstunden zu begrenzen, und Werbung verhindert, dass die Menschen ihren Konsum einschränken.[13] Diejenigen, die einen Gang zurückschalten, riskieren, sozial ausgegrenzt und von denjenigen herumkommandiert zu werden, die in einer Gesellschaft, in der das Geld regiert, unbegrenzte Macht anhäufen. Wie diese Gründe nahelegen, kann Selbstbegrenzung kein Projekt individueller oder kleingruppenbezogener Veränderung sein; sie muss den universellen, politischen Anspruch aufweisen, jene Strukturen zu verändern, die Menschen daran hindern, innerhalb von Grenzen zu leben.

Ein Projekt der Selbstbegrenzung muss unmöglich bleiben ohne die Arbeiterklasse und all jene, deren Leben Beschränkungen unterliegt, die sie nicht selbst gewählt haben. Aber für diejenigen, die jeden Tag unter den Grenzen des bestehenden Systems leiden und Adressaten bevormundender malthusianischer Politik oder von Austeritätsdiskursen sind, ist es schwer, im Namen von Grenzen zu mobilisieren, geschweige denn zu verstehen, warum andere in besseren Umständen sich dafür entscheiden, innerhalb von Grenzen zu leben. Wie Emma Goldman feststellte, muss die Arbeiterklasse, um ihrer Verstrickung zu entkommen, die Bedürfnisse beherrschen, die das System der Ausbeutung anheizen, und nicht darauf bestehen, dass diese Bedürfnisse befriedigt werden sollten. Sich selbst einzuschränken, um von der Unterdrückung befreit zu werden, ist etwas anderes, als ungerechte Einschränkungen zu akzeptieren. Wie oder ob Grüne und andere, die für Grenzen eintreten, Bündnisse innerhalb der Arbeiterklasse schmieden können (die keine Bündnisse für fortgesetztes, grüneres Wachstum sind), lässt sich nicht abstrakt, sondern nur praktisch beantworten.

Grenzen, Teilen und Gleichheit

Malthusianische Grenzen gehen Hand in Hand mit Ungleichheit: Malthus sagte den Armen, es gebe nicht genug für alle. Die Selbstbegrenzung hingegen beruht auf Gleichheit. Wenn wir uns entscheiden, den Kuchen zu verkleinern, dann gewinnt das Argument, es gelte ihn gleichmäßiger zu verteilen, an Überzeugungskraft. Aus demselben Grund ist Gleichheit notwendig, wenn Grenzen auf Akzeptanz stoßen sollen. Wie Seaford bemerkt:

> Die Menschen werden nicht auf ihren jährlichen Urlaub in Übersee verzichten, wenn der Himmel voller Privatjets ist. [...] Selbstbegrenzung [...] wird nur dann allgemein akzeptiert werden, wenn es Grenzen für alle gibt (wie in Kriegszeiten), wenn also das derzeit noch absurde »Wir sitzen alle im selben Boot« Realität wird.[14]

Malthus' Grenzen erklärten die Einfriedungen weg; Selbstbegrenzung rechtfertigt dagegen das Teilen der Allmende. Wie wir aus egalitären Gesellschaften wissen, verhindert Teilen die Akkumulation von Macht und die Konkurrenz um vorteilhafte Positionen, welche wiederum die Expansion vorantreibt. Und wenn der Überschuss geteilt und verbraucht anstatt akkumuliert wird, dann gibt es weniger Expansion. Grenzen sind also ein Ergebnis – beabsichtigt oder nicht – des Teilens. Malthus behauptete, dass es nicht genug gebe, um allen einen angemessenen Anteil zu erlauben. Die These der Selbstbegrenzung lautet dagegen, dass es nur dann genug für alle gibt, wenn wir uns auf unseren angemessenen Anteil beschränken. Ohne Grenzen wird es nie genug geben. Und ohne Teilen wird es immer diejenigen geben, die weniger haben und unter dem Gefühl leiden, nicht genug zu besitzen.

Selbstbegrenzung bei der gemeinsamen Nutzung einer knappen Ressource ist der Kern jener Theorie und jener Organisationsformen, die als »Allmende« bezeichnet werden. Entgegen Neo-Malthusianern wie Garrett Hardin, die argumentieren, dass sich die Nutzer eines Allmendeguts als Trittbrettfahrer verhalten und auf Kosten anderer bereichern werden, haben Wissenschaftler, die tatsächliche Allmenden studieren, gezeigt, dass Nutzer zusammenkommen, um kollektive Systeme zur Begrenzung der Ressourcennutzung zu entwickeln, da die Konsequenzen eines Fehlens solcher Systeme für sie nicht wünschenswert sind.[15]

Grenzen und Freiheit

Greifen Grenzen in die Freiheit ein? Der Liberalismus besagt, dass ein Individuum frei sein sollte, alles zu tun, solange es anderen keinen Schaden zufügt. Aber ein Individuum, das sich in einer Allmende als Trittbrettfahrer verhält, schadet der Freiheit der anderen. In komplexen globalisierten Gesellschaften, die auf der Nutzung fossiler Brennstoffe beruhen, schadet fast alles, was wir tun, früher oder später anderen (man denke nur an die Kohlenstoffemissionen), da wir uns innerhalb der globalen Allmende als Trittbrettfahrer verhalten.

Anders als ein liberaler oder libertärer geht ein »limitarischer« Ansatz von einem Prinzip der Vorsicht und Mäßigung aus. Ich habe argumentiert, dass dies nicht gegen die persönliche Freiheit verstößt, da diese nicht die Freiheit ist, zu tun, was man will, sondern eine Freiheit von Mangel. Freiheit in einem limitarischen Sinn ist nicht die ungebremste Verfolgung von Wünschen, sondern ihre bewusste Reflexion, Beherrschung und Befreiung.

Wer aber sagt uns, dass unsere Wünsche falsch sind und dass wir sie einschränken sollen? Auf diese gängige Sorge des Liberalismus sollte unsere Antwort stets lauten: niemand. Allerdings nicht in dem Sinn, dass wir überhaupt nicht begrenzt werden sollten, sondern in dem, dass wir uns selbst beurteilen und begrenzen sollten.

Jedes gemeinsame Projekt, bis hin zu Staaten, beinhaltet Regeln und Selbstbegrenzungen.[16] Die Beteiligten müssen Regeln verinnerlichen, sonst verunmöglicht der Aufwand, die Regeln durchzusetzen, das Regieren. Die Subjekte, die regiert werden, müssen sich auch selbst regieren. Freiheit kann nicht die Befreiung des Selbst von allen inneren und äußeren Zwängen bedeuten, denn ohne solche Grenzen kann eine Gesellschaft nicht funktionieren. In einer funktionierenden Gesellschaft müssen die Mitglieder die Grenzen, die die Gesellschaft von ihnen verlangt, als legitim ansehen. Aber wie Freud feststellte, sind solche Grenzen oft im Unbewussten angesiedelt und werden zu einer ständigen Quelle von Frustration und schlechtem Verhalten. Gesetze und Verbote schüren das Verlangen. Meine Hypothese lautet: Je mehr wir über das Gesetz nachdenken und seine Logik als unsere eigene akzeptieren, desto weniger werden wir den Wunsch verspüren, es zu übertreten. Aber wir müssen es auch übertreten, zumindest gelegentlich, wenn das Gesetz nicht zur Unterdrückung erstarren soll (mehr dazu unten).

Wenn Autonomie zu Heteronomie wird

Wenn eine Regierung unsere kollektive Vertretung ist, beauftragt mit der Durchsetzung von Grenzen, dann ist die Unterscheidung zwischen technokratischen, heteronomen Grenzen und autonomer Selbstbeschränkung nicht auf Anhieb deutlich.[17] Dass eine Regierung sich von ihrem Volk trennen und beginnen kann, Grenzen aufzuerlegen, die eine privilegierte Klasse begünstigen, bedeutet nicht, dass alle administrativen Grenzen heteronom sind. Wenn die Regierung eine Regierung des Volkes ist, dann sind administrative Grenzen Grenzen des Volkes. Nicht nur die Demokratie braucht Grenzen, auch Grenzen brauchen die Demokratie.

Tatsächlich erfordert die Selbstbegrenzung Institutionen höherer Ordnung, um die Beständigkeit vereinbarter Grenzen zu sichern. Menschen organisieren sich – in Familien und Clans, in Städten, Regionen, Nationen und in internationalen Organisationen. Es ist eine Frage des Maßstabs. Auf einer Ebene geltende Begrenzungen werden oft durch eine Autorität auf einer höheren Ebene durchgesetzt; diese Autorität hat die Macht, diejenigen zu bestrafen, die sich über die auf der niedrigeren Ebene geltenden Grenzen hinwegsetzen. Die Nutzer eines Waldes, der als Allgemeingut gilt, treffen zum Beispiel Vereinbarungen darüber, wie sie ihren Holzeinschlag begrenzen, und richten dann eine Behörde oder einen Mechanismus auf Gruppenebene ein, um sicherzustellen, dass alle diese Grenzen respektieren. Um den Klimawandel zu bekämpfen, einigen sich die Nationen international auf Grenzwerte für ihre Kohlenstoffemissionen.

Eine solche Aufwärtsskalierung von Grenzen verhindert das Trittbrettfahren und enthebt Individuen der Notwendigkeit, ständig ihr eigenes Verhalten zu überwachen. Ich möchte mich nicht dauernd fragen müssen, ob ich dies oder jenes konsumieren soll; ich möchte, dass die Regierung mir sagt, was wir vereinbart haben, nicht zu konsumieren. Aber wenn uns Grenzen von oben auferlegt werden, erscheinen sie fremdbestimmt, oktroyiert von einer übergeordneten Autorität. Es scheint, als seien es die Vereinten Nationen, die uns zwingen, den Kohlenstoffausstoß zu reduzieren, oder als sei es die Europäische Union, die uns davon abhält, zu rauchen oder Zucker zu essen.

Wir sehen uns auch durch die Verpflichtungen unserer Vorgänger mit Grenzen konfrontiert. Jede neue Generation sollte die Möglichkeit haben, bereits bestehende Grenzen zu hinterfragen und sich die ihnen zugrunde liegenden Überlegungen anzueignen, damit diese Grenzen nicht willkürlich erscheinen. Aber jede neue Generation hat auch die Neigung, die Grenzen ihrer Vorgänger zu verwerfen, und wenn sie das tut, dann wird keine Grenze dauerhaft sein. Wenn wir alle zehn Jahre darüber diskutieren, welche Wälder wir schützen sollten, werden wir bald ohne Wald dastehen.

Gute Eltern setzen Grenzen, innerhalb derer sich ihre Kinder frei verhalten können. Ohne Begrenzungen finden sich Kinder in einer unendlichen Welt wieder, in der sich ihre Freiheit in Angst verwandelt.[18] Aber alle Kinder reagieren unweigerlich und stellen die von ihren Eltern gesetzten Grenzen infrage. Diese Grenzen können den Kindern willkürlich erscheinen. Die kindliche Entwicklung ist ein Prozess, in dem Kinder ihre Grenzen erkunden und sie sich aneignen; die externe, heteronome Autorität der Eltern ist ein wesentlicher Bestandteil dieses Prozesses.

Man könnte also mehr Sympathie als Castoriadis für Religion, Tradition und jene Doktrinen und Rituale haben, die an die Eltern erinnern, und über die menschliche Gemeinschaften hinweg Grenzen von einer Generation an die nächste weitergeben. Es stimmt, dass Religion, Tradition, Doktrinen und Rituale zu heteronomen Kräften werden können, die unvernünftige Grenzen vergangener Epochen verewigen, wie Castoriadis argumentiert hat. Sie können aber auch als Fundus ökologischer Weisheit und des Bewusstseins für Grenzen fungieren,[19] indem sie Grenzen kodifizieren und bewahren. Wie einen Wald wirksamer erhalten als dadurch, ihn für heilig zu erklären?

Castoriadis erkennt an, dass Religion »den Menschen an seine Grenzen« erinnert und daran, dass »wir nicht die Herren der Welt sind«. Religion personifiziert und benennt den Abgrund des Todes, etwas jenseits unserer Grenzen, »das

Tabu, Totem, Amon-Ra, olympische Götter […] oder Jehova genannt wird«.[20] Er besteht jedoch darauf, dass wir in unserer Zeit »gleichzeitig bestimmen müssen, […] dass wir es sind, die uns selbst begrenzen und auf eigenes Risiko Sinn stiften (auch in Form von Religion)«.[21] Anstatt eine Heteronomie zu »erfinden«, um die Beständigkeit von Grenzen zu gewährleisten, meint Castoriadis, dass wir Grenzen ständig infrage stellen sollten. Wir sollten also keine Angst vor unserer möglichen Hybris haben. Indem wir Grenzen infrage stellen, können wir uns entscheiden, sie aufzuheben oder zu überschreiten. Das ist der Preis, den wir für unsere Freiheit zu zahlen haben.

Selbst die von Castoriadis so geschätzten Athener zahlten diesen Preis und verfielen letztlich der Hybris. Unfähig, ihre imperialen Abenteuer zu begrenzen, erlebten die Athener die Vernichtung ihrer gesamten Flotte im Zuge ihrer desaströsen Sizilien-Expedition während des Peloponnesischen Krieges. Die Athener begrenzten die Akkumulation von Macht innerhalb der Polis, aber nicht die Macht ihrer Polis nach außen. Noch beunruhigender für meine Argumentation ist, dass die imperiale Ausdehnung Athens möglicherweise eine Folge der Demokratie war: Interne Beschränkungen wurden durch eine externe, letztlich selbstzerstörerische Expansion aufrechterhalten und subventioniert.[22]

Heute stellt der globale Charakter des Kapitalismus ein erhebliches Hindernis für Gemeinwesen dar, die ihre eigenen Grenzen setzen und innerhalb dieser leben wollen. Erstens gibt es einen Konflikt zwischen politischen Grenzen und dem entgrenzten Kapitalismus: Setzt man als Stadt, Region oder Land dem Geld Grenzen, dann wird das Geld anderswohin fliehen, während man mit einem Scherbenhaufen zurückbleibt, anstatt innerhalb sorgfältig ausgearbeiteter Grenzen zu leben. Zweitens führt der geopolitische Wettbewerb zwischen den Nationen zu einem Rüstungs- oder Wirtschaftswettlauf, ähnlich wie zu Zeiten der Griechen. Wer sich selbst begrenzt, riskiert, ins Hintertreffen zu geraten und von denjenigen aufgefressen oder schikaniert zu werden, die keine Grenzen anerkennen. Die Festlegung von Grenzen ist dann teilweise ein Problem globalen, kollektiven Handelns: Können wir internationale Institutionen höherer Ordnung einrichten, die zum Beispiel Kohlenstoffemissionen, Aggression oder Wettbewerb kontrollieren können, es aber zugleich den ihnen untergeordneten Nationen und Staaten überlassen, ihre eigenen Grenzen festzulegen?

Angesichts der gegenwärtigen Erosion von Institutionen wie den Vereinten Nationen, des Mangels an globalen Maßnahmen gegen den Klimawandel oder der Tendenz internationaler Institutionen wie der Welthandelsorganisation, sich darauf zu konzentrieren, Grenzen für das Geld zu öffnen, anstatt Schutzmaßnahmen zu koordinieren, ist die Antwort auf diese Frage keine hoffnungsvolle. Andererseits können Selbstbegrenzung und die Verneinung der Versuchung, zu weit zu gehen, für einzelne Gemeinwesen sinnvoll sein, selbst wenn es scheint, als ob ein grenzenloser Wettbewerb für ihr Überleben notwendig sei. Paul Virilio gibt ein faszinierendes historisches Beispiel, nämlich das der antiken Spartaner, die ihre Kriegsmacht perfektioniert hatten, sich aber weigerten, in den Krieg zu ziehen, aus Angst vor den Kräften, die ihre Siege freisetzen würden und die ihr eigenes Verderben herbeiführen könnten.[23] Plutarch schreibt über die Spartaner:

> Der erste Anfang der Verschlimmerung und der Verderbniß des lacedämonischen Staats fieng zu der Zeit

an, da die Lacedämonier die atheniensische Herrschaft zerstörten, und sich mit einem Überflusse von Gold und Silber bereicherten.[24]

Die Enteigneten, *oder: Mit Science Fiction über Grenzen nachdenken*

Das beste Mittel, auf das ich gestoßen bin, um über Grenzen, ihre Festlegung und ihre Überschreitung nachzudenken, bietet Ursula Le Guins Science-Fiction-Roman *Die Enteigneten*,[25] den ich nun zur Illustration einiger hier verhandelter Themen verwenden möchte.

Der Protagonist des Buches, Shevek, ist ein Physiker auf der Suche nach einer einheitlichen Theorie der Zeit. Sein Planet Anarres ist vor Generationen von Anarchisten kolonisiert worden, die vor dem kapitalistischen Urras flohen, und Shevek ist der erste, der es wagt, die Planetengrenze zu überschreiten, um eine Rückreise zu unternehmen. Anarres ist eine Gesellschaft der Grenzen. Der Planet ist klein, trocken und unfruchtbar, doch die Revolutionäre sind dorthin gezogen, um eine Kolonie der Freiheit zu gründen. Die Zivilisation, die sie errichtet haben, ist eine größere, technologisch fortgeschrittenere Version der egalitären Jäger- und Sammlergesellschaften, mit denen Le Guin, Tochter des ersten Professors für Anthropologie in Berkeley, Alfred Kroeber, bereits als Kind vertraut war. Die Anarresti leben trotz scheinbarer Knappheit im Überfluss, da sie das Wenige, das sie haben, teilen.[26] Niemand darf verhungern, während ein anderer genug zu essen hat. Die Gründer der Kolonie zeichneten sich durch ein Ethos des Teilens, der Selbstbegrenzung und der demokratischen Selbstorganisation aus. Dieses Ethos, personifiziert in den Lehren der halbmythischen weiblichen Anführerin der Revolution, ist von Generation zu Generation durch Erziehung und Rituale weitergegeben worden. Die jungen Anarresti lernen, wenig zu wollen und sich selbst ohne Polizei zu regieren. Und wie die Spartaner halten sie sich aus Streitereien mit ihren Nachbarn heraus – nicht, indem sie eine starke Armee aufbauen, sondern indem sie sich weigern, eine Armee zu unterhalten und den Urrasti jedes Jahr einen beträchtlichen Anteil ihres Mineralienreichtums zugestehen, im Austausch gegen Frieden. Wenn die Urrasti die Mineralien wollen, können sie sie haben; die Anarresti können bescheiden ohne sie leben.

Im Laufe der Zeit erstarren die gemeinsamen Normen und Grenzen in Anarres allerdings zur Doktrin. Die unschöne Seite der Selbstverwaltung ohne Polizei ist, dass die Anarresti sich ständig gegenseitig überwachen, jeden ausgrenzen, der des Egoismus beschuldigt wird, und ihr eigenes Denken einschränken. Das Ethos der Gründer verliert seine ursprüngliche Bedeutung und seine Durchsetzung wird zu einer Frage der Macht. Es entwickelt sich eine Schattenbürokratie. Wie die Spartaner und viele vorkapitalistische Gesellschaften, die die Büchse der Pandora ungeöffnet ließen, nicht weil sie innerhalb von Grenzen leben wollten, sondern weil die Eliten Angst hatten, eine Expansion könne die interne Hierarchie umstürzen, riskieren die Anarresti nun, »ein Volk ohne Geschichte«[27] zu werden – eine Gesellschaft ohne Wandel.

Shevek glaubt an das Ethos seiner revolutionären Vorfahren, doch das Streben des Wissenschaftlers nach der Wahrheit veranlasst ihn, Autoritäten und Grenzen, die für ihn keinen Sinn mehr ergeben, infrage zu stellen. Grenzen sind seiner Meinung nach dazu da, infrage gestellt zu werden – das war schließlich der Geist der Revolte seiner Vorfahren. Trotz der Drohungen seiner Landsleute besteht

Shevek darauf, die letzte, physische Grenze des Planeten zu überschreiten und nach Urras zu reisen, um seine Theorie zu überprüfen. Er unternimmt die Reise und findet in Urras eine Gesellschaft vor, die wie unsere kapitalistische Gegenwart materiell reich, aber sozial ungleich und voll armer Menschen ist. Seine Ankunft schürt eine neue Revolte. In Anarres läuft seine Reise Gefahr, die limitarische Ethik des Planeten zu korrumpieren, indem sie diesen mit einer kapitalistischen Welt des Überflusses für einige Wenige in Kontakt bringt oder, schlimmer noch, indem sie eine autoritäre Schließung unter der Führung der neuen Bürokraten und einen Rückfall in eine autoritäre Gesellschaft aufgezwungener Grenzen auslöst.

Ist die Reise von Shevek ein Fall von Hybris? Ist sie das Äquivalent der athenischen Sizilien-Expedition oder des Krieges der Spartaner mit Athen – die Überschreitung der Grenze, von der es kein Zurück gibt? In Le Guins Buch geht es nicht um die Folgen von Hybris, sondern um das unauflösbare Drama von Grenzen und deren Überschreitung. Der Roman verrät uns nicht, was mit Anarres geschieht; er endet, kurz bevor Shevek wieder zu Hause landet. Ich verstehe Le Guin so, dass sie andeuten will, ein Projekt der Autonomie beinhalte unweigerlich den riskanten Prozess der Erneuerung einer anfänglichen Verpflichtung. Wenn eine Verpflichtung zur Selbstbegrenzung eine vorübergehende Überschreitung überlebt, dann ist sie es wert. Alles andere wäre eine Abschottung, ein Rückfall in jene Heteronomie, gegen die beispielsweise die Gründer von Anarres rebellierten.

Mit der Zeit und dem Bedürfnis nach Stabilität kippt die Autonomie unweigerlich in Richtung Heteronomie. Anstatt Autonomie und Heteronomie als polare Gegensätze zu betrachten, das eine gut und das andere schlecht, sollten wir vielleicht über eine Synthese nachdenken – nicht über einen mittleren Zustand, sondern eher über Prozesse, die eine kreative Spannung, einen Widerspruch aufrechterhalten.

Abenteuer und Grenzen

Als ich neun Jahre alt war, hatte ich ein Fahrrad. Ich lebte in Maroussi, einem Vorort am Rand des athenischen Stadtzentrums, einem früher ländlichen Ort, der von der expandierenden Metropole geschluckt worden war. Eltern waren damals nicht so besorgt wie heute, und meine Freunde und ich bewegten uns ungehindert durch den Stadtteil: Wir nahmen unsere Fahrräder und streunten herum. Eines Tages radelten meine Freunde Dimitris und Michalis und ich weiter und weiter aus den imaginären Grenzen unseres Viertels heraus. Beschwingt von den neuen Orten und Menschen, die wir sahen, radelten wir schneller und schneller. Es schien alles wie ein verschwommener Traum. Ein paar Stunden später hielten wir an. Es wurde dunkel und wir wussten nicht, wo wir waren. Als wir die Leute nach dem Weg fragten, lachten sie: Wir waren meilenweit von zu Hause entfernt. Wir radelten zurück, verloren uns in den Seitenstraßen von Athens Peripherie, hatten Angst bis auf die Knochen und waren erst erleichtert, als wir nach Stunden die Landschaft wieder erkannten. Wir kamen nach Mitternacht zu Hause an und fanden unsere Eltern am Rande des Nervenzusammenbruchs, mit einem Polizisten an ihrer Seite. Wir mussten noch ein paar Jahre erwachsen werden, bevor wir die Grenze wieder überschreiten würden.

Abenteuer beginnen, wenn Grenzen überschritten werden. In Le Guins Roman ist es buchstäblich die Überschreitung der physischen Grenze des Planeten, die Sheveks Abenteuer einleitet. Und wie Odysseus vollendet Shevek sein Abenteuer mit einer Rückkehr in seine Heimat. Wenn ich einen Vorbehalt gegenüber 1900 habe, dann ist es, dass er nein zum Abenteuer sagt. Warum nicht ein paar wilde Nächte in der Stadt verbringen und dann zum Schiff zurückkehren? Ich habe hier nicht die oberflächliche Kritik im Sinn, Grenzen würden den Spaß ausbremsen, oder dass sie etwas für Menschen seien, die an Selbstkasteiung und Aufopferung Vergnügen finden. 1900 dachte nach allem, was wir wissen, und bis sein Psychoanalytiker uns etwas anderes sagt, nicht, dass er ein Opfer bringe; er dachte, er schütze seine Freiheit. Spaß, vielleicht sogar Abenteuer, war für ihn damit verbunden, an Bord des Schiffes zu sein, nicht an Land. Aber warum weigert sich 1900 im Gegensatz zu Shevek, die Grenze zu überschreiten und seinen Entschluss aufs Spiel zu setzen? Deutet seine Weigerung darauf hin, dass er seine Ängste nicht im Griff hat?

Die vorübergehende Überschreitung einer festen Grenze ist nicht dasselbe wie die kapitalistische Fantasie der permanenten Überschreitung einer sich ständig erweiternden Grenze. Ein Abenteuer, das konstant ist, ist kein Abenteuer. Odysseus braucht Ithaka; sein Abenteuer wäre sinnlos, wenn er für den Rest seines Lebens gegen Zyklopen und Sirenen kämpfen müsste. Es ist die vorübergehende Überschreitung durch »Grenzerfahrungen« – Erfahrungen an der Grenze, Erfahrungen, die das Vorhandensein einer Grenze voraussetzen –, die Freude verursacht. Dionysische Ausbrüche und Feste ergeben nur dann Sinn, wenn das gewöhnliche Leben nüchtern ist.[28] Der Traum von einem ständigen dionysischen Delirium, ein verstecktes Verlangen, das unsere Zivilisation antreibt, ist nicht nur selbstzerstörerisch; ein solches Delirium macht auch keinen Spaß.

Mäßigung ist also »nicht Weisheit oder Ausgeglichenheit, sondern tief in Leidenschaft und Widerspruch verwurzelt.«[29] Der italienische Soziologe Franco Cassano entdeckte, in Anlehnung an Albert Camus, eine Anthropologie der Grenzen in Subjekten des globalen und europäischen »Südens«, die sich einer Logik des Kalküls und des Nutzens verweigern, indem sie den Widerspruch begrüßen und aushalten.[30] Mäßigung, so Camus, sei nicht die goldene Mitte, sondern die Fähigkeit, mit dem Widerspruch zu leben.

Der Archetyp der Selbstbeschränkung ist nicht ein Geizhals, der zählt, wie viel er ausgegeben und gespart hat, sondern eine mediterrane Frau oder ein mediterraner Mann, der, nachdem er das Begehren befreit und den Widerspruch umarmt hat, ein nüchternes Leben führt, das von verschwenderischen Ausbrüchen unterbrochen wird.[31] Nikos Kazantzakis' fiktiver Held Alexis Sorbas, weithin bekannt als »Sorbas der Grieche«, kommt einem hier als ein vielleicht überraschendes Modell der Mäßigung in den Sinn, mit seinen exzessiven Lach- und Tanzausbrüchen und seinem widersprüchlichen Charakter: Nüchternheit und das einfache Leben gepaart mit Ausbrüchen von unberechenbarer Großzügigkeit und Verschwendung. Mäßigung muss nicht die Verneinung des Lebens und die Unterdrückung des Begehrens in Erwartung eines künftigen Gewinns bedeuten, eine protestantische Ethik also, die im Zentrum von Akkumulation und Expansion steht; sie kann eine Praxis des Nachdenkens über, der Bewältigung und des Lebens mit unseren Widersprüchen sein, wie wir es von den Griechen gelernt haben und woran uns die Psychoanalyse erinnert.[32]

Zeiten des Exzesses im Namen von Grenzen zu befürworten, mag zunächst paradox erscheinen. Warum sollten verschwenderische Ausgaben mit Grenzen und vorsichtige Zurückhaltung mit Expansion in Einklang gebracht werden? Der Grund ist, dass Akkumulation das Herzstück des Wachstums ist, und Zurückhaltung und Sparen sind für die Akkumulation entscheidend. Vorkapitalistische Gesellschaften gaben Überschüsse periodisch für Denkmäler, religiöse Zeremonien oder Potlatches aus. Religiöse oder zeremonielle Institutionen saugten die Überschüsse auf; im Gegensatz dazu reinvestieren Marktinstitutionen die Überschüsse und beschleunigen so das Wachstum. Macht und Geld beginnen sich ohne offensichtliche Begrenzung zu akkumulieren. Die Begrenzung erfordert eine gelegentliche Freisetzung, eine unproduktive Ausgabe, die das Wachstumspotenzial erschöpft.[33]

Leben innerhalb von Grenzen

Grenzen, so habe ich argumentiert, sind etwas, das als Teil des guten Lebens angestrebt werden sollte. Wie würden solche Grenzen auf der persönlichen Ebene aussehen? Wie wären sie zu teilen und wie wäre für ihre Verbreitung zu sorgen? Welche Formen praktischen Engagements (jenseits der Demokratie) könnten sie ermöglichen oder fördern?

Wir sollten unsere Vorstellungskraft von dem Bild des gegenkulturellen Aussteigers befreien, der abseits des Versorgungsnetzes lebt, als Stereotyp des Lebens innerhalb von Grenzen. Solche Aussteiger leben oft innerhalb selbst auferlegter Grenzen, die die Grenzen des Planeten respektieren und ihre Eingriffe in den Raum anderer einschränken – und dafür verdienen sie unseren Respekt. Doch es ist noch interessanter, an die alltäglicheren Menschen und Orte zu denken, wo man Keime eines erfüllten Lebens finden kann, das innerhalb von Grenzen gelebt wird: der Gläubige, der ein nüchternes Leben praktiziert und seine Zeit und Ressourcen in Solidarität mit anderen in der Kirche oder der Moschee teilt; die Stadtbewohner, die mit ihrer Arbeit, ihrer Familie oder ihren Freunden zufrieden sind und nicht nach Macht und stets höheren Gehältern streben; die Bauern, die genug produzieren, um ihre Familien zu ernähren; die Rentner, die nach ihrer Pensionierung zu Umweltaktivisten werden und zusammenarbeiten, um einen Fluss zu renaturieren und seine Ufer vor Überschwemmungen zu schützen.[34]

Die Fähigkeit, sich selbst zu begrenzen, damit wir nicht in die Lage kommen, ungewählten Grenzen zu unterliegen, ist in einer Gesellschaft, die uns zu grenzenlosem Streben drängt, ein Privileg. Denken wir an die arbeitslose Arbeiterin im Rostgürtel, den Bauern auf dem Land, der von Freihandel und billigen Importen betroffen ist, oder das Kind in Afrika, das im Steinbruch arbeitet. Sie haben nicht die Möglichkeit, sich selbst einzuschränken – die Gesellschaft schränkt sie ein. In der Lage zu sein, gut und unabhängig zu leben, sich an Familie und Freunden zu erfreuen, ohne zu viel arbeiten zu müssen und mit seinen Kollegen zu konkurrieren, von seiner Farm zu leben oder sich gelassen zur Ruhe zu setzen: Wenn man nicht reich oder in eine reiche Familie hineingeboren worden ist, hängt all das von hart erkämpften Rechten auf Zugang zu öffentlichen Gemeingütern ab, zum Beispiel öffentliche Gesundheits- und Rentenfonds, Bildung oder Subventionen für die Landwirtschaft. Innerhalb von Grenzen zu leben ist also kein individuelles Unterfangen, sondern ein kollektives Projekt. Persönliches Handeln ist notwendig, denn wenn wir etwas nicht wollen und nicht zeigen können, dass es funktioniert, werden wir uns nicht organisieren, um es zu bekommen – doch wir müssen uns organisieren, um es zu bekommen.

Le Guins *Die Enteigneten* liefert mir die Bilder, um zu vermitteln, was meine Worte und Begriffe allein nicht vermögen. Die Anarresti leben innerhalb selbst gewählter Grenzen; sie haben sich für den Umzug auf einen unfruchtbaren Planeten entschieden, weil sie eine andere Gesellschaft schaffen wollten. Auf Anarres müssen sie mehr körperliche Entbehrungen auf sich nehmen als auf Urras. Doch sie arbeiten weniger, weil sie weniger wollen. Und niemand muss hungern, während andere etwas zu essen haben, weil alles geteilt wird, in guten wie in schlechten Zeiten. Die Ethik der Grenzen ist ein politisches und kulturelles Projekt, Grundlage für die von den Anarresti erdachte und dann auch geschaffene Gesellschaft; sie ist ein wesentlicher Bestandteil des Teilens der Allmende. Damit Grenzen geteilt und verbreitet werden können, braucht man sowohl eine persönliche als auch eine ethische Haltung, die, wie die der frühen Christen, eine Kultur der Grenzen schafft. Des Weiteren braucht man aber auch ein politisches Projekt, das die Bedingungen und die Institutionen sichert, die ein Leben innerhalb solcher Grenzen ermöglichen.

Ich beschließe dieses Kapitel, indem ich mich den beiden häufigsten Kritiken an den von mir vorgebrachten Argumenten für die Selbstbegrenzung zuwende: erstens, dass es äußere Grenzen gebe, ob wir es wollen oder nicht; und – die entgegengesetzte Extremposition – dass es keine Grenzen gebe und auch keine geben sollte.

Noch einmal zu ökologischen Grenzen

Ich gestehe, dass es mir oft schwergefallen ist, andere Umweltschützer von meiner Position zu überzeugen, die, wie ich in Kapitel 3 dargelegt habe, für Selbstbegrenzung und gegen die Idee von externen Grenzen ist. »Du kannst doch nicht meinen, dass es keine ökologischen Grenzen gibt?«, haben mich Freunde wiederholt gefragt. »Was ist mit dem Klimawandel? Was ist mit Schadstoffen in Flüssen und im Trinkwasser? Sind das nicht unverhandelbare Grenzen?« »Die Argumente für Selbstbegrenzung sind stärker, wenn es äußere Grenzen gibt«, argumentieren andere. »Warum sollte man sich selbst begrenzen, wenn es zunächst keine Grenzen gibt?«

Ich will kurz zusammenfassen, was ich antworte. Nein, ich glaube nicht, dass es externe Grenzen gibt. Nicht in dem Sinn, dass der Klimawandel nicht real wäre oder wir so viel Kohlenstoff ausstoßen könnten, wie wir wollen. Sondern die Grenze liegt in unserer Absicht, ein Leben zu führen, das auf Kohlenstoff beruht, und es ist die Absicht, die wir begrenzen sollten. Wasserverschmutzung ist eine Grenze, wenn wir eine saubere öffentliche Versorgung für alle wollen; sie ist keine Grenze, wenn wir mit einer Welt einverstanden sind, in der jeder teures Tafelwasser kaufen muss, weil die Flüsse verschmutzt sind. Wenn wir sauberes öffentliches Wasser haben wollen, dann müssen wir der Verschmutzung eine Grenze setzen. Die Grenze ist eine Frage der Wahl, bestimmt durch die Art von Welt, die wir schaffen und an unsere Kinder weitergeben wollen. Wir gewinnen nichts, wenn wir diese Entscheidung der Natur zuschreiben.

Umweltschützer sind der Meinung, dass wir die Aura der wissenschaftlichen Objektivität verlieren, wenn wir die Idee akzeptieren, wir seien diejenigen, die eine Grenze festlegen. Doch der Anspruch auf Objektivität in Bezug auf Fragen, die grundlegend politischer Natur sind, hat nicht gut funktioniert. Die Öffentlichkeit misstraut den Wissenschaftlern, weil diese ihnen sagen, was sie zu tun haben. Indem wir zur Idee der Selbstbegrenzung übergehen, geben wir weder die Wissenschaft noch die Pflicht auf, für Grenzen zu plädieren. Wir wollen uns vielleicht selbst einschränken, um bestimmte Konsequenzen zu vermeiden und bestimmte Welten anstatt anderer zu erschaffen. Die Wissenschaft kann wertvolle Informationen über Konsequenzen und die Grenzen der Arten von Welten liefern, die wir erschaffen können. Der Schlüssel ist jedoch, die Wissenschaft nicht als eine privilegierte Domäne zu sehen, sondern als Teil eines sozialen und demokratischen Prozesses kollektiver Beratung.

Das Argument zugunsten von Selbstbegrenzung gewinnt durch das Postulat externer Grenzen nicht an Überzeugungskraft. Seit Malthus besteht die Reaktion auf die Idee einer begrenzten Welt darin, die Schwächeren von dieser Welt auszuschließen oder zu versuchen, die Welt auf Kosten der Schwächeren zu erweitern. Auf einer begrenzten Welt herrscht per Definition Knappheit. Wenn alles im Überfluss vorhanden ist und wir genug davon haben, dann ist die Welt nicht begrenzt. Wenn wir kein Öl mehr verbrauchen, dann sind die Grenzen der Ölvorräte irrelevant. Die Griechen wollten das Geld nicht begrenzen, weil es eine externe Grenze für die Akkumulation von Geld gab, sondern gerade, weil es keine solche Grenze gab. Gerade, wenn es keine Grenzen gibt, müssen wir uns selbst begrenzen. Und gerade, wenn wir wirklich glauben, dass die Welt eine des Überflusses ist, werden wir uns selbst begrenzen.

Grenzenlose Grenzen

Ich habe argumentiert, dass grenzenloses Wachstum wenig wünschenswerte Folgen hat, unabhängig davon, ob es Grenzen des Wachstums gibt oder nicht. Viele würden dem allerdings widersprechen und behaupten, die Akkumulation von Reichtum oder Macht könne und solle fortgesetzt werden, und dass sie mit ökologischer Nachhaltigkeit und sozialer Verbesserung vereinbar oder sogar notwendig sei.

Ob das so ist, ist zum Teil eine empirische Frage, die sich anhand von Fakten klären lässt.[35] Mein Plädoyer für Grenzen beruht jedoch nicht allein auf den sozialen oder ökologischen Folgen des Wachstums. Die Griechen setzten sich nicht für Grenzen ein, um Wälder und Flüsse zu retten oder um den Phöniziern Platz zu lassen, sondern weil sie sahen, wie selbstzerstörerisch und sinnentleert das unbegrenzte Streben nach Geld war. Auch ich habe für die Selbstbegrenzung als Voraussetzung für Freiheit und die Suche nach einem guten oder sinnvollen Leben plädiert.

Einige sogenannte Post-Ökologen argumentieren, es gebe keinen Grund, Grenzen zu setzen.[36] Mit zunehmendem Wohlstand, so sagen sie, würden wir uns auf ganz natürliche Weise vom materiellen Wohlstand abwenden und »postmaterielle« Werte verfolgen. Neue Technologien würden auch auf ebenso natürliche Weise schmutzige oder teure Ressourcen wie fossile Brennstoffe durch billigere und sauberere wie Kernfusion oder Sonnenenergie ersetzen. Weiter behaupten diese Autoren, aufoktroyierte Grenzwerte würden nur eine natürliche Entwicklung stören, die von sich aus zum Ende der fossilen Brennstoffe führen werde.

Auch hier gilt: Es ist eine empirische Frage, ob sich eine Begrenzung des materiellen Konsums gleichsam naturwüchsig einstellt. Meiner Meinung nach geschieht das nicht, und selbst wenn, dann nicht im erforderlichen Ausmaß und zu spät. Junge Leute mögen aufhören, Autos zu kaufen, doch sie kaufen alle zwei Jahre ressourcenintensive iPhones und fahren mehr mit Uber und Lyft als mit dem Bus. Die

Begrenzung unseres gesamten Materialverbrauchs wird ein Ethos der Grenzen und damit einhergehende Institutionen erfordern. Wir können dem Mix unseres Energiesystems sauberere Energien hinzufügen, doch ich bezweifle, dass wir ohne Grenzen, die rechtlich gesetzt und durchgesetzt werden, fossile Brennstoffe abschaffen werden.

Schließlich gibt es noch das sozialistische Argument, das auf Engels' Replik auf Malthus zurückgeht und besagt, die Grenzen, denen wir gegenüberstünden, seien nur Grenzen des Kapitalismus. Im Sozialismus würden wir nicht auf Grenzen stoßen, so das Argument. Dies kann auf zwei sehr unterschiedliche Arten interpretiert werden. Die erste ist, dass der Sozialismus eher als der Kapitalismus in der Lage wäre, Grenzen zu setzen und zu teilen – und in der Tat argumentierte Engels, dass ein Staat, der von der Arbeiterklasse regiert wird, besser in der Lage sein werde, das Bevölkerungswachstum zu begrenzen als einer, der von einer Kapitalistenklasse kontrolliert wird, die ein Interesse an billigen Arbeitskräften hat. Doch Engels verband dies mit einem zweiten Argument, dass nämlich der Sozialismus die Produktion in irgendeinem Sinn rationaler entwickeln könne als der Kapitalismus, da der Kapitalismus von einem irrationalen Profitstreben angetrieben werde. Der Sozialismus würde nach dieser Ansicht die Land-, Ressourcen- oder Bevölkerungsgrenzen, denen der Kapitalismus gegenübersteht, überwinden, aufgrund seiner rationalen und technischen Überlegenheit. Mit diesem zweiten Argument habe ich Schwierigkeiten.

Es stimmt: Grenzen sind relativ, definiert in Bezug auf die Bedürfnisse einer Gesellschaft. Die Grenzen, auf die wir derzeit stoßen, beziehen sich auf materielle Bedürfnisse, die im Kapitalismus erzeugt worden sind. Ein anderes Wirtschaftssystem, mit anderen Bedürfnissen, würde nicht unbedingt auf die gleichen Grenzen stoßen. Wenn dieses System jedoch materielle Bedürfnisse befriedigen wollte, die denen des Kapitalismus ähnlich sind, dann würde es keinen Grund geben, weshalb es dies ohne die gleichen katastrophalen Folgen tun sollte. Der Atmosphäre ist es gleichgültig, ob sich eine kohlenstoffemittierende Fabrik im Besitz von Arbeitern oder von Kapitalisten befindet.

Ein weiteres Problem der Vorstellung, der Sozialismus kenne keine Grenzen, ist, dass sie den Traum vom grenzenlosen Wachstum reproduziert. Die Notwendigkeit einer Kultur der Grenzen gilt unabhängig von der Organisationsform der Gesellschaft. Das antike Athen oder die Jäger und Sammler waren keine Kapitalisten, doch sie setzten sich Grenzen. Kein System, ob sozialistisch oder nicht, kann ohne Grenzen existieren; die Frage ist, welche Grenzen es haben wird und wie diese Grenzen gesetzt werden. Wer glaubt, er hätte den Schlüssel zu einer Gesellschaft des ewigen Luxus gefunden, die keine Grenzen kennt, betrügt sich selbst.

Epilog: Zur Verteidigung von Grenzen

Meine eigene Beziehung zum Klavier ist zwar ganz anders als die von 1900, doch sie ist ebenso aufschlussreich, was meine Auffassung von Grenzen angeht. Mit fünf Jahren klimperte ich im Haus der Patentante meiner Schwester fröhlich auf einem Klavier herum. Meine Mutter dachte, ich sei begabt und meldete mich am Konservatorium an. Als ich erwachsen wurde und meine Zeit als fröhliches Kleinkind, das Noten ausstieß, endete, fand ich mich gefangen in einem strengen Regime von zwei Abenden Klavierunterricht pro Woche, einem samstäglichen 8-Uhr-Kurs in Theorie und Solfège und unzähligen Übungsstunden. Ich hasste es; meine Freunde waren mit dem Fahrrad unterwegs oder spielten Fußball, und ich musste mich beugen und zum Konservatorium gehen. Hätte ich es meinen Eltern gesagt, hätten sie mich auf der Stelle aus dem Konservatorium genommen; ihre Kinder sollten ihr Leben so leben, wie sie es wollten. Doch ich wollte meine Klavierlehrerin nicht enttäuschen, und im Nachhinein auch meine Mutter und ihre Erwartungen an mich als begabten Pianisten nicht. (Ich bin kein 1900 geworden, doch 1900 hatte auch keine Mutter und ging nicht auf ein Konservatorium.) Indem ich unbewusst meine eigenen Grenzen erfand, ging ich zähneknirschend dreizehn weitere Jahre lang zum Klavierunterricht. Ich konnte Mozart und Beethoven vom Blatt spielen, doch wenn man mich bat, eine Melodie auszuwählen oder meinen Lieblingssong von Bruce Springsteen zu spielen, blickte ich wie erstarrt auf die Klaviertasten. Als die Universität mir die Ausrede bot, den Unterricht abzubrechen, habe ich nicht gezögert. Ich schwor mir, nie wieder eine Klaviertaste zu berühren. Ich dachte, ich sei von einer unerwünschten Einschränkung befreit.

Spulen wir dreißig Jahre vor. Ich trauere um meine kürzlich verstorbene Mutter, versuche, mit den Grenzen meines eigenen Lebens zurechtzukommen (ich habe es noch nicht geschafft, doch es ist den Versuch wert) und bemühe mich, meine Wünsche und selbstgewählten Grenzen von den Grenzen zu trennen, die ich für mich selbst als der Sohn entwickelt habe, von dem ich mir vorstellte, meine Eltern würden ihn brauchen. Ich wohne im Haus eines Freundes in Athen, und dort steht ein langer schwarzer Konzertflügel. Neugierig setze ich mich hin, frei von jeder Erwartung oder Verpflichtung zu spielen. Ich fange an, die Tasten zu berühren. Plötzlich entstehen seltsame Melodien, von denen ich nie gedacht hätte, dass ich sie spielen könnte. Heute nehme ich wieder Klavierunterricht und schreibe meine eigene Musik. Ich verwende jede Woche Stunden darauf – Stunden, die mir für andere Dinge nicht zur Verfügung stehen. Aber im Gegensatz zu Robinson Crusoe bin ich zufrieden. Das sind meine Grenzen: selbst gesetzte, innerhalb derer ich meine Kreativität entfalten kann.

Es geht in diesem Buch natürlich nicht um mich. Die Erdtemperatur steigt. Bis 2030 sollten wir unsere Kohlenstoffemissionen halbieren und bis 2050 auf null reduzieren. Es gibt jedoch nur wenige Anzeichen dafür, dass wir bereit sind, so etwas wie die »raschen, weitreichenden und beispiellosen Veränderungen in sämtlichen Gesellschaftsbereichen« einzuleiten, die erforderlich sind.[1] 2015 haben sich die Nationen in Paris darauf geeinigt, den Klimawandel auf einen Temperaturanstieg von 1,5 Grad Celsius zu begrenzen. Wissenschaftler, die die tatsächlichen Zusagen quantifiziert haben, sind jedoch zu dem Ergebnis gelangt, diese würden auf einen katastrophalen Anstieg von drei Grad[2] oder mehr hinauslaufen (und das beruht noch auf der Annahme, die freiwilligen Zusagen würden eingehalten werden, was immer unwahrscheinlicher erscheint).

Während sich der Klimakollaps abzeichnet, leugnet eine neue Generation gewählter Autokraten den Wahrheitsgehalt wissenschaftlicher Prognosen, verdoppelt das Wirtschaftswachstum, beseitigt verbleibende Regulierungen und administrative Infrastrukturen und verfolgt diejenigen, die die Umwelt verteidigen. Die Reichsten des Silicon Valley wiederum packen ihre Koffer für den Tag nach dem, was sie »das Ereignis« nennen. Sie kaufen Land in Neuseeland, weil es dem Klimawandel weniger ausgesetzt ist (Erdbeben und Vulkane werden in Kauf genommen).[3] Sie fragen sich, wie sich ihre Bunker und Sicherheitskräfte im Fall eines sozialen Zusammenbruchs bewähren werden. Und sie fantasieren darüber, den Mars zu besiedeln oder ihre Gedanken in Supercomputer hochzuladen, um die drohende Katastrophe zu überleben.[4] Während das Endspiel von zwei Jahrhunderten grenzenloser Expansion näher rückt, ist niemand bereit, die Notbremse zu ziehen. Viele treten im Gegenteil sogar noch freudig aufs Gaspedal.

Die Eitelkeit der Milliardäre wäre komisch, wenn sie nicht so tragisch wäre und wenn sie nicht auf Kosten von uns anderen Menschen ginge. Dieses Buch seziert einen der Keime dieses Dilemmas: die Art und Weise, wie wir über Grenzen und unseren Platz in der Welt zu denken gelernt haben. Seit Malthus halten wir unsere Bedürfnisse für unbegrenzt und die Welt für begrenzt. Unsere Mission ist es, die Welt restlos zu erobern, und die Auferlegung von Grenzen wird mit Leid gleichgesetzt. Es gibt nicht genug für alle, so glauben wir, und führen Krieg gegen die Welt, um sie zu unterwerfen und mehr zu bekommen, um unser Leid zu lindern.

Diese Vorstellung grenzenloser Expansion in einer begrenzten Welt ist eine unserer Zivilisation eigene Fantasie. Die Fantasie ist eine besondere Konstruktion des Kapitalismus, denn der Kapitalismus benötigt Expansion, und Expansion benötigt eine Grenze. Grenzen sind ein Teil der grenzenlosen Kolonisierung. Es ist die Unfähigkeit des Systems, den Überfluss, den es produziert, zu teilen, die einen ständigen Antrieb erzeugt, sich nach außen zu erweitern. Zukünftige Expansion rechtfertigt die gegenwärtige Ungleichheit, und Ungleichheit lässt jeden hart für die Expansion arbeiten.

Wenn wir uns einig sind, dass sich dieser Weg als selbstzerstörerisch erwiesen hat, dann kann unsere Antwort nicht darin bestehen, eine Zukunft zu erwarten, in der wir mehr haben und es besser teilen können, denn dieser Tag wird nie kommen und der Glaube, dass er kommen wird, verstetigt die aktuelle Fantasie, die die Expansion vorantreibt. Die einzige Antwort ist, dass alle genug haben werden, sobald wir uns einschränken und teilen, was wir bereits haben. Nur wenn wir akzeptieren, dass unsere Bedürfnisse begrenzt sind und befriedigt werden können, werden wir endlich eine Welt im Überfluss genießen.

Mein Plädoyer für die Selbstbegrenzung ist nicht nur und nicht in erster Linie ein ökologisches. Es geht mir auch um eine Ethik der Fürsorge, um ein Plädoyer gegen die Kolonisierung anderer Menschen und Nichtmenschen. Dieses Plädoyer ist auch ein anthropologisches und beruht auf der Intuition, dass ein Leben ohne Grenzen keinen Sinn ergibt. Die Begrenzung und Gestaltung unserer Bedürfnisse und Wünsche ist es, was uns zu Menschen macht. Die altgriechische Zivilisation war nicht die einzige, die vorübergehend die Weisheit der Grenzen erkannt zu haben scheint. Wenn wir Zivilisation als die Kunst der Begrenzung des Unbegrenzten begreifen, dann kann uns das helfen, andere Zivilisationen, die wir als stagnierend abgetan oder als unter religiöser Unterdrückung und Aberglauben leidend charakterisiert haben, neu zu betrachten, um zu fragen, warum und wie sie sich selbst begrenzt haben.

Zugegeben, die Weisheit der Grenzen ist keine einfache. Der Gedanke an den Tod und unsere eigene Grenze ist unerträglich. Es ist einfach, unsere inneren Grenzen zu verwerfen oder auf sie zu reagieren, wie ich es tat, als ich aufhörte, Klavier zu spielen. Schwieriger ist es, unsere Grenzen zu reflektieren, neu zu gestalten und zu begrüßen. Jede neue Generation will die Grenzen, die ihr von ihren Vorfahren gesetzt worden sind, überschreiten. Institutionelle oder elterliche Grenzen schüren den Wunsch nach Überschreitung. Wenn der Geist der grenzenlosen Expansion einmal aus der Flasche ist, ist es nicht leicht, ihn wieder einzufangen. Diejenigen, die keine Grenzen kennen, akkumulieren Macht, die es ihnen erlaubt, diejenigen, die innerhalb von Grenzen leben, zu beherrschen, notfalls mit Gewalt. Und die Durchsetzung von Grenzen wird zu einem Punkt, um den herum die Herrschenden ihre Macht festigen, indem sie sich auf Grenzen berufen, um die Beherrschten in Schach zu halten. Immer wieder werden sich die Unterdrückten gegen ungerechte Grenzen auflehnen. Genau aus diesem Grund ist es heute so schwierig, Grenzen zu akzeptieren; wie zu Malthus' Zeiten wird einer wachsenden Anzahl von uns gesagt, dass es nicht genug für alle gebe und dass wir lernen sollten, innerhalb von Grenzen zu leben, während die Bonzen es nicht tun. Aber es ist notwendig, darauf bestehe ich, einen Weg zu finden, kollektive Grenzen zu verteidigen, ohne ungerechte Grenzen zu akzeptieren.

Die Umweltbewegung hat bei der Aufrechterhaltung dieses Plädoyers für Grenzen eine entscheidende Rolle gespielt. Sie hat auch mit dem Malthusianismus geflirtet und Malthus' Vision einer begrenzten Welt reproduziert. Doch die Umweltbewegung, die ich hier vertrete, ist ausdrücklich nicht malthusianisch. Es ist nicht die Bewegung derer, die sich an Katastrophenprognosen ergötzen und uns erzählen, die Erde schrumpfe, sondern vielmehr derer, die sich Grenzen wünschen und um sie kämpfen. Es ist der Umweltschutz von Menschen, die nicht von Bord gehen oder zum Mars fliehen wollen.[5] Von Menschen, die die Weisheit haben, den Planeten, auf dem sie leben, zu lieben und zu pflegen, seine Grenzen und die Grenzen ihres eigenen Lebens zu akzeptieren, anstatt vor ihnen zu fliehen und nur Ruinen zurückzulassen. Dass geistliche Führer wie der Papst sich diesem Ruf nach Grenzen anschließen, gibt Anlass zur Hoffnung.[6] Ebenso wie die zahlreichen Bewegungen und Völker, die die Allmende verteidigen oder neue Allmenden durch den mühsamen Prozess der Aushandlung und Definition kollektiver Grenzen schaffen.[7]

Malthus lag falsch. Unsere Wünsche sind nicht unbegrenzt, und unbegrenztes Wünschen entspricht nicht unserer Natur. Unsere Fähigkeit zur Vernunft und zum Nachdenken über das, was wir wünschen, ist ein wesentlicher Aspekt unserer Menschlichkeit. Wir befreien uns, indem wir jene Instinkte kontrollieren, die uns versklaven oder zu zerstören drohen. Wie Frauen und Männer, die im Leben reifen, wenn sie ihre eigenen Grenzen und wahren Wünsche erkennen, wird die Zivilisation wahrhaftig Fortschritte gemacht haben, wenn wir kollektiv unsere Grenzen kennen und respektieren lernen. Fortschritt kann heute mehr denn je bedeuten, innezuhalten, anders zu denken und zu handeln. Wir sollten die menschliche Intelligenz, die Vorstellungskraft und das Staunen nutzen, um unsere Grenzen zu finden, anstatt unsere Gehirne in Bunkern zu vergraben.

Dank

Emily-Jane Cohen, meine Lektorin bei Stanford University Press, hat dieses Projekt von Anfang an unterstützt und mir geholfen, es zum Abschluss zu bringen. Ihr sorgfältiges Lektorat hat meinen Text weitaus lesbarer gemacht. Amy Thomas hat den ersten Entwurf des Buches gründlich bearbeitet und mir geholfen, nicht nur mein Englisch, sondern auch den Inhalt zu verbessern. Gareth Dale und Jason Hickel haben frühere Entwürfe kommentiert, und Richard Seaford hat mir beim Schreiben des Kapitels über Griechenland geholfen. Meine Ideen über Grenzen haben von zahlreichen Gesprächen profitiert, die ich im Laufe der Jahre mit Giacomo D'Alisa geführt habe. Antonio Verdasca-Cardoso hat mir geholfen, über meine eigenen Grenzen und mein Verhältnis zu Grenzen nachzudenken. Ich konzipierte das Projekt, als ich in London war, während einer Coaching-Sitzung mit Amalia Cardenas. Aaron Vansintjan half mir, das Exposé zu schreiben. In London wurde ich von Rosaleen Duffy an der SOAS, University of London, mit einer Leverhulme-Professur betreut. Ich präsentierte diese Arbeit und erhielt nützliches Feedback während meiner Leverhulme-Vorlesungen an der SOAS, der Open University und der University of Cambridge sowie später an der University of California, Berkeley, im Rahmen des Energy and Resources Group Colloquium. Das Buch wurde im Rahmen einer ICREA-Professur am ICTA, dem Institut für Umweltwissenschaften und -technologie der Autonomen

Universität Barcelona, fertiggestellt – mit Unterstützung des spanischen Ministeriums für Wirtschaft und Wettbewerbsfähigkeit (MINECO) im Rahmen der »María-de-Maeztu«-Exzellenzeinheit (MDM-2015-0552) und des COSMOS (CSO2017-88212-R)-Stipendiums.

Anmerkungen

Einleitung: Wozu Grenzen?

1 Adam Nagourney, Jack Healy u. Nelson D. Schwartz, »California Drought Tests History of Endless Growth«, *New York Times*, 4. April 2015, {www.nytimes.com/2015/04/05/us/california-drought-tests-history-of-endless-growth.html}, letzter Zugriff 7.6.2021.

2 Eric Holthaus, »U.N. Climate Report Shows Civilization is at Stake if we Don't Act Now«, *The Grist*, 8. Oktober 2018, {https: //grist.org/article/scientists-calmly-explain-that-civilization-is-at-stake-if-we-dont-act-now/}, letzter Zugriff 7.6.2021.

3 Der Film ist inspiriert von *Novecento*, einem Monolog von Alessandro Baricco. Ich danke Giacomo D'Alisa, der mich auf die Bedeutung des Films für unser Nachdenken über Grenzen hingewiesen hat.

4 Siehe dazu Richard Seaford, *Ancient Greece and Global Warming: The Benefits of a Classical Education*, Exeter 2011.

5 Andrew Dobson, »Are there Limits to Limits?«, in: Teena Gabrielson, Cheryll Hall, John M. Meyer u. David Schlosberg (Hg.), *The Oxford Handbook of Environmental Political Theory*, Oxford 2016, S. 289.

6 Siehe beispielsweise Kate Raworth, *Doughnut Economics: Seven Ways to Think like a 21st-Century Economist*, White River Junction 2017; Tim Jackson, *Prosperity Without Growth: Foundations for the Economy of Tomorrow*, Abingdon 2017; Johan Rockström u. Mattias Klum, *Big World, Small Planet: Abundance Within Planetary Boundaries*, New Haven

2015; Giacomo D'Alisa, Federico Demaria u. Giorgos Kallis, *Degrowth*, München 2016; Robert J. Gordon, *The Rise and Fall of American Growth: The US Standard of Living Since the Civil War*, Princeton 2017.

7 Dobson, *Oxford Handbook*, S. 301.

8 Ronald Reagan, Rede vor Universitätsabsolventen der University of South Carolina, 20. September 1983.

9 Dennis Meadows, Donella Meadows, Jorgen Randers u. a, *Die Grenzen des Wachstums*, Stuttgart 1994 (zuerst 1972).

10 Ich kombiniere hier Zitate von Valerie Sherwood und Eudora Welty.

11 Einführungen in die Ökologische Ökonomie bieten: Giorgos Kallis, *Degrowth*, Newcastle upon Tyne 2018; Herman Daly u. Joshua Farley, *Ecological Economics: Principles and Applications*, Washington 2011; Juan Martinez-Alier, *Ecological Economics: Energy, Environment and Society*, Hoboken 1991.

12 Richard Norgaard, »Metaphors we Might Survive by«, *Ecological Economics*, 15 (1995), S. 129–131, hier S. 131.

13 Ich habe in Berkeley bei Nancy Peluso und Michael Watts Politische Ökologie studiert und die Kolloquien besucht, die die beiden im Rahmen ihres Luce-Projekts zu Green Governance veranstaltet haben. Für Uneingeweihte dürfte das Buch von Paul Robbins die beste Einführung in die Politische Ökologie sein: *Political Ecology: A Critical Introduction*, Hoboken 2011. Ich bin Ende der 1990er-Jahre durch die Schriften von Erik Swyngedouw, Maria Kaika und Karen Bakker aus Oxford auf die Politische Ökologie aufmerksam geworden und habe mit ihnen gemeinsam zur Wasserproblematik geforscht; siehe Nick Heynen, Maria Kaika u. Erik Swyngedouw, *In the Nature of Cities: Urban Political Ecology and the Politics of Urban Metabolism*, London 2006; Karen Bakker, »Privatizing Water, Producing Scarcity: The Yorkshire Drought of 1995«, *Economic Geography*, 76 (2000), S. 4–27. Was die Frage von Grenzen und Knappheit angeht, habe ich viel gelernt von Lyla Mehta; siehe *The Limits to Scarcity: Contesting the Politics of Allocation*, Abingdon 2013.

1. Warum Malthus falschlag

1 Dies sind Malthus' eigene Worte, zit. n. Robert J. Mayhew, *Malthus: The Life and Legacies of an Untimely Prophet*, Cambridge 2014, S. 66. Meine imaginäre Rekonstruktion dieser Episode beruht auf Informationen aus dem dritten Kapitel von Mayhews Buch, insbesondere S. 61–65. Im Vorwort zu seinem *Essay* erwähnt Malthus einen Freund, mit dem er eine Diskussion geführt habe; es ist allgemein bekannt, dass es sich bei dieser Person um seinen Vater handelt.

2 Die Worte von Malthus' Hauslehrer, eine Beschreibung der Situation in den Kirchengemeinden von Surrey, zit. n. Larry Lohmann, »Malthusianism and the Terror of Scarcity«, in: Betsy Hartmann u. a. (Hg.), *Making Threats: Biofears and Environmental Anxieties*, Lanham 2005, S. 81–98.

3 Robert J. Mayhew, *New Perspectives on Malthus*, Cambridge 2016, S. 18.

4 »Malthus, the False Prophet«, *The Economist*, 15. Mai 2008, {www.economist.com/finance-and-economics/2008/05/15/malthus-the-false-prophet}, letzter Zugriff 15.06.2021.

5 Elwell hat ein Buch geschrieben, das nicht mehr lieferbar ist und das ich nicht habe einsehen können: Frank W. Elwell, *A Commentary on Malthus' 1798 Essay on Population as Social Theory*, Lewiston 2001. Ich zitiere hier aus längeren Auszügen des Buches, die Elwell online veröffentlicht hat: F. W. Elwell, *Malthus' Social Theory*, 2001, {www.faculty.rsu.edu/~felwell/Theorists/ Malthus/Index.htm.}.

6 Elwell, *Malthus' Social Theory*, S. 2, 6.

7 Thomas Robert Malthus, *Das Bevölkerungsgesetz* (1798), München 1977, S. 67. Ich beziehe mich hier auf die erste englische Ausgabe. Spätere Ausgaben widmen sich stärker empirischen Veranschaulichungen, die für meine hier formulierten Thesen keine Bedeutung haben; außerdem fehlen in diesen späteren Ausgaben die religiös gefärbten Schlusskapitel, die für meine Zwecke weitaus relevanter sind.

8 Ebd., S. 34.

9 Dies ist die einzige Stelle, die ich aus der fünften Ausgabe des *Essay* zitiere: Thomas Robert Malthus, *An Essay on the Principle of Population, as it Affects the Future Improvement of Society with Remarks on the Speculations of Mr. Godwin, M. Condorcet and other Writers*, London 1817, S. 393. Zum Zeitpunkt des Erscheinens der fünften Ausgabe hatte Malthus auf zahlreiche Kritiken reagiert und einige seiner Argumente überarbeitet. Dass er sich in der fünften Ausgabe erstmals deutlich gegen die Geburtenkontrolle aussprach zeigt, dass ihm dies eine Gewissensfrage war, zu der er starke Ansichten hatte.

10 Malthus, *Das Bevölkerungsgesetz*, S. 48, 23.

11 Gareth Dale ist meines Wissens der erste Forscher, der behauptet hat, Malthus' *Essay* weise die Vorstellung natürlicher Grenzen zurück, und er war bis vor Kurzem auch der einzige. Siehe Gareth Dale, »Adam Smith's Green Thumb and Malthus's Three Horsemen: Cautionary Tales From Classical Political Economy«, *Journal of Economic Issues*, 46 (2012), S. 859–880. Einen weiteren bahnbrechenden Beitrag zu Malthus und der Frage der Knappheit hat David Harvey verfasst: »Population, Resources and the Ideology of Science«, *Economic Geography*, 50 (1974), S. 256–277. In jüngerer Zeit, nach Abschluss dieses Buches, bin ich auf einen relevanten Aufsatz von Anthony Galuzzo gestoßen: »The Singularity in the 1790s: Toward a Prehistory of the Present with William Godwin and Thomas Malthus«, 2018 veröffentlicht auf *b2O*, dem Online-Forum des Herausgeberkollektivs der Zeitschrift *boundary 2*: {www.boundary2.org/2018/09/galluzzo/}, letzter Zugriff 15.06.2021.

12 Malthus, *Das Bevölkerungsgesetz*, S. 96.

13 Elwell, *Malthus' Social Theory*, S. 2.

14 Malthus, *Das Bevölkerungsgesetz*, S. 18.

15 Ebd., S. 42.

16 Ebd., S. 65.

17 Dale, »Adam Smith's Green Thumb«.

18 Siehe Garrett Hardin, *Living within Limits: Ecology, Economics, and Population Taboos*, Oxford 1993, S. 98.

19 Siehe Elwell u. Mayhew, a. a. O.
20 Mayhew, *Malthus*, S. 121.
21 Friedrich Engels, »Umrisse zu einer Kritik der Nationalökoniomie« (1844), in: Karl Marx, Friedrich Engels, *Werke* (MEW), Bd. 1, Berlin 1981, S. 499–524, hier S. 518 (Hervorhebung im Original).
22 Malthus, *Das Bevölkerungsgesetz*, S. 157.
23 Ebd., S. 170.
24 Ebd., S. 72.
25 Ebd., S. 34 f.
26 Ebd., S. 24 f.
27 Ebd., S. 44.
28 Ebd., S. 56, 44 ff.
29 Ebd., S. 26.
30 Elwell, *Malthus' Social Theory*, S. 14.
31 Malthus, *Das Bevölkerungsgesetz*, S. 50.
32 Ebd., S. 92.
33 Ebd., S. 95 f. Malthus könnte bei diesem Gedankenexperiment die Amerikas im Sinn gehabt haben, denen er in späteren Ausgaben des *Essay* seine empirischen Beispiele entnahm. Siehe Alison Bashford u. Joyce E. Chaplin, *The New Worlds of Thomas Robert Malthus: Rereading the Principle of Population*, Princeton 2016. Die These von Bashford und Chaplin, Malthus habe gegen Sklaverei und Kolonialismus intervenieren wollen, überzeugt mich allerdings nicht. Wenn meine Interpretation richtig ist, dann scheint es wahrscheinlicher, dass er beweisen wollte, die Gleichheit werde selbst in den Amerikas, den dortigen günstigen Umweltbedingungen zum Trotz, durch das Bevölkerungsgesetz verunmöglicht, sodass die Amerikanische Revolution in einem Regime münden müsse, das sich nicht wesentlich vom englischen unterscheiden werde.
34 Bashford u. Chaplin, *New Worlds*, S. 116.
35 »Malthus, the False Prophet.«
36 Malthus, *Das Bevölkerungsgesetz*, S. 18.
37 Elwell, *Malthus' Social Theory*, S. 7.

38 Malthus, *Das Bevölkerungsgesetz*, S. 55.
39 Ebd., S. 74; Hervorhebung G. K.
40 Donald Winch, *Malthus*, Oxford 1987.
41 Robert L. Heilbroner, *The Worldly Philosophers: The Lives, Times and Ideas of the Great Economic Thinkers*, New York 1999.
42 Silvia Federici, »The Devaluation of Women's Labor«, in: Ariel Shalleh (Hg.), *Eco-Sufficiency and Global Justice: Women Write Political Ecology*, London 2009.
43 Zit. n. Heilbroner, *Worldly Philosophers*, S. 76.
44 Harvey, »Population«, S. 260.
45 Friedrich Engels, Brief an Friedrich Albert Lange, 29. März 1865, in: Karl Marx, Friedrich Engels, *Werke* (MEW), Bd. 31, Berlin 1965, S. 465–468, hier S. 467.
46 Nicholas Xenos, »Liberalism and the Postulate of Scarcity«, *Political Theory*, 15 (1987), S. 225–243, hier S. 239.
47 Ebd.
48 Wendell Berry, »Faustian Economics: Hell Hath no Limits«, *Harper's*, Mai 2008.
49 Malthus, *Das Bevölkerungsgesetz*, S. 85.

2. Ökonomie: Grenzenlose Knappheit

1 Lionel Robbins, *Essay on the Nature and Significance of Economic Science*, London 1932, S. 18.
2 Ebd., S. 16.
3 Paul Krugman, »Malthus was Right! The Conscience of a Liberal«, *New York Times*, 25. März 2008, {https://krugman.blogs.nytimes.com/2008/03/25/malthus-was-right/}, letzter Zugriff 16.06.2021.
4 Michael Perelman, »Marx, Malthus, and the Concept of Natural Resource Scarcity«, *Antipode*, 11 (1979), S. 80–91.
5 Nicht alle ökonomischen Ansätze und nicht alle Ökonomen beabsichtigen dies. Es gibt Unterschiede zwischen Denkschulen und Nuancen innerhalb einzelner Ansätze. Indem

ich verallgemeinere, mache ich auf eine zentrale Tendenz dessen aufmerksam, was man heute als neoklassische Ökonomie bezeichnet.

6 Dale, »Adam Smith's Green Thumb«.

7 Robbins, *Essay*, S. 12.

8 Ebd., S. 12 f.

9 Robert Skidelsky u. Edward Skidelsky, *Wie viel ist genug? Vom Wachstumswahn zu einer Ökonomie des guten Lebens*, München 2013.

10 Scott Gordon, »The Economics of the Afterlife«, *Journal of Political Economy*, 88 (1980), S. 213 f.

11 Berry, »Faustian Economics«.

12 Robbins, *Essay*, S. 13.

13 Malthusianische Ideen haben die Ökologie beeinflusst und liegen dem Begriff der »Tragfähigkeit« zugrunde, also der These, dass sich eine Spezies, wenn sie ausreichend Nahrung oder Energieressourcen vorfindet, so lange vermehren wird, bis sie eine maximale Anzahl erreicht; anschließend komme es zu einer drastischen Schrumpfung der Bevölkerung. Populationen schießen jedoch nur unter kontrollierten Laborbedingungen über das Ziel hinaus und kollabieren; Überschreitungen sind im wirklichen Leben selten, da ökologische Interaktionen die Populationen in Grenzen halten. Tiere regulieren ihre Anzahl auch durch genetisch vererbte Mechanismen. Siehe Vero Copner Wynne-Edwards, *Evolution Through Group Selection*, Palo Alto 1986. Eine Geschichte des Tragfähigkeitsgedankens und seiner malthusianischen Ursprünge bietet Nathan Sayre, »The Genesis, History, and Limits of Carrying Capacity«, *Annals of the Association of American Geographers*, 98 (2008), S. 120–134.

14 Milton Friedman, »The Methodology of Positive Economics«, in: ders., *Essays in Positive Economics*, Chicago 1953.

15 Nicholas Xenos, *Scarcity and Modernity*, London 1989.

16 Dale, »Adam Smith's Green Thumb«.

17 John Kenneth Galbraith, *The Affluent Society*, Boston 1998

(zuerst 1958). Ähnliche Argumente zum positionellen Konsum und seinen negativen Auswirkungen bieten Robert H. Frank, *Luxury Fever: Money and Happiness in an Era of Excess*, Princeton 1999, und Fred Hirsch, *Die sozialen Grenzen des Wachstums. Eine Ökonomische Analyse der Wachstumskrise*, Reinbek b. Hamburg 1980.

18 Krugman, »Malthus was Right«.

19 Oded Galor u. David N. Weil, »From Malthusian Stagnation to Modern Growth«, *American Economic Review*, 89 (1999), S. 150–154.

20 Mayhew, *Malthus*, S. 234.

21 Thomas Robertson, *The Malthusian Moment: Global Population Growth and the Birth of American Environmentalism*, New Brunswick 2012.

22 Paul Ehrlich, *Die Bevölkerungsbombe*, Frankfurt am Main 1973.

23 Robert Solow, »Is the End of the World at Hand?«, *Challenge*, 16 (1973), S. 39–50.

24 Meadows u. a., *Die Grenzen des Wachstums*.

25 Im Druck erschienen als Solow, »Is the End of the World at Hand?«

26 Mit diesen und anderen Fragen der ökologischen Ökonomie beschäftige ich mich in Kallis, *Degrowth*.

27 Ich spiele hier auf die berüchtigte Wette zwischen dem Biologen und Neo-Malthusianer Paul Ehrlich und dem Ökonomen und Techno-Utopisten Julian Simon an, wie sie von Robertson in *The Malthusian Moment* nacherzählt wird. Ehrlich verlor die Wette gegen Simon, weil die Preise für Mineralien zehn Jahre nach der Wette niedriger waren, als er vorhergesagt hatte (obwohl die Preise in den 2000er Jahren auf das von Ehrlich vorhergesagte Niveau stiegen, um dann wieder zu fallen). Der Preis von Mineralien hängt von so vielen anderen Faktoren als ihrer Knappheit ab, dass dies kaum ein Test der Grenzen war. Was ich an dieser Geschichte bemerkenswert finde, ist, wie der Wunsch der Umweltschützer, die Eroberung der Erde und das sinnlose Streben nach

Wachstum um des Wachstums willen einzuschränken, einer malthusianischen Logik folgend zu einer Wette über Preise wurde.

3. Grenzen des Umweltschutzes

1 In den 1870er-Jahren wurde das Wort »Malthusianismus« zum Synonym für die Befürwortung der Geburtenkontrolle: eine Ironie angesichts der Tatsache, dass Malthus sich vehement gegen Geburtenkontrolle aussprach. Eine Geschichte des Geburtenkontroll-Aktivismus des frühen 20. Jahrhunderts bieten Juan Martinez-Alier und Eduard Masjuan: »Neomalthusianism in the Early 20th Century«, in: *Encyclopedia of Ecological Economics*, 2005, online unter Isecoeco.org. Ich halte es für sehr unwahrscheinlich, dass Emma Goldman mit der Biografie und dem Werk von Malthus vertraut war. Sie meinte zum Beispiel, dass »ein großer Mann eine große Idee hatte, Robert Thomas Malthus, der Vater der Geburtenkontrolle«, und dass »sich Malthus, würde er heute leben, mit allen Sozialstudenten und Revolutionären einig wäre, dass die anhaltende Armut der meisten Menschen und der wachsende Reichtum einiger Weniger nicht auf eine mangelnde Fruchtbarkeit der Erde zurückgeht, sondern darauf, dass die Erde in den Händen der Wenigen unter Ausschluss der Vielen monopolisiert wird.« Siehe Emma Goldman, »The Social Aspects of Birth Control«, *Mother Earth* (1916), S. xi, Nachdruck in: Peter Glassgold, *Anarchy! An Anthology of Emma Goldman's* Mother Earth, Berkeley 2012.

2 Goldman hat diesen ihr in verschiedenen Fassungen zugeschriebenen Satz nie ausgesprochen. Sie erzählt allerdings in ihrer Autobiografie die Geschichte eines jungen Genossen, der sie beiseite genommen habe, um sie dafür zu rügen, dass sie zu viel tanze. Sie antwortete, wenn die Sache von ihr verlange, zur Nonne zu werden, dann wolle sie nichts damit

zu tun haben. Siehe die vollständige Darstellung in: Emma Goldman, *Gelebtes Leben*, Hamburg 2014, S. 63.

3 Goldman, in: Glassgold, *Anarchy!*, S. 140.

4 Ebd., S. xxix.

5 Ebd., S. 135.

6 Ebd., S. xvii.

7 Ebd.

8 Mayhew, *Malthus*, Kap. 4.

9 Ebd., S. 77.

10 William Wordsworth, *Selected Poetry*, hg. v. Stephen Gill u. Duncan Wu, Oxford 2008, S. 137.

11 Zit. n. Mayhew, *Malthus*, S. 90.

12 Jerome Lewis, »Managing Abundance, not Chasing Scarcity: The Real Challenge for the 21st Century«, *Radical Anthropology*, 2 (2008), S. 11–19, hier S. 13.

13 Ebd.

14 Ebd., S. 16.

15 Berry, »Faustian Economics«.

16 Emrys Westacott, *The Wisdom of Frugality: Why Less is More – More or Less*, Princeton 2016.

17 Rachel Carson, *Der stumme Frühling*, München 2019.

18 Cornelius Castoriadis wurde 1922 in Konstantinopel geboren. Seine Familie zog noch im selben Jahr nach Athen. 1945 floh er an Bord des Schiffes *Mataroa*, das während des griechischen Bürgerkrieges verfolgte Intellektuelle rettete, nach Paris. Bis 1970 arbeitete er als Ökonom bei der Organisation für wirtschaftliche Zusammenarbeit und Entwicklung (OECD), schrieb aber unter Pseudonymen (»Pierre Chaulieu« und viele andere) für die revolutionäre Gruppe *Sozialismus oder Barbarei*, die er mitgegründet hatte. Er studierte und lehrte Philosophie und Psychoanalyse, arbeitete als Psychoanalytiker und verband dies mit einem tiefreichenden Verständnis von Marxismus und Ökonomie.

19 Cornelius Castoriadis, *A Society Adrift*, New York 2010, S. 186.

20 Ebd., S. 231.

21 Selbstbegrenzung bedeutet, die eigenen Grenzen selbst zu bestimmen, und nicht sich selbst zu begrenzen. In meiner Muttersprache Griechisch haben wir ein spezielles Wort für den Akt der Grenzsetzung: *oriothetisi*, wobei *orio* Grenze bedeutet. Es ist nicht mehr in Mode, neue wissenschaftliche Konzepte mit griechischen Wörtern zu taufen, doch wenn es so wäre, würde ich Selbstbegrenzung *auto-oriothetisi* nennen, um diese Betonung des Akts des Setzens eigener Grenzen zu erfassen, im Gegensatz zur bloßen Selbstbegrenzung. Zum Beispiel geht es bei der Selbstbegrenzung nicht darum, weniger zu essen, sondern zu entscheiden, wie viel man essen möchte, und nicht mehr zu essen.

22 Castoriadis, *Society Adrift*, S. 196, 205.

23 Ebd., S. 195.

24 Ebd., S. 199.

25 Wordsworth, *Selected Poetry.*

26 Jorge Riechmann, *Gente que no quiere viajar a Marte*, Madrid 2004.

27 William Leis, *The Limits to Satisfaction*, London 1978.

28 Riechmann, *Gente que no quiere*, S. 54.

29 Castoriadis, *A Society Adrift*, S. 203.

30 Siehe Ted Benton, »Marxism and Natural Limits: An Ecological Critique and Reconstruction«, *New Left Review*, 178 (1989), S. 51–86.

31 Ich diskutiere dies in Kallis, *Degrowth*, Kap. 3. Ob (und wann) das Wachstum aufgrund von begrenzten Ressourcen, Umweltkatastrophen, der Erschöpfung neuer Technologien und Investitionsmöglichkeiten oder begrenzter Verbrauchernachfrage ans Ende gelangt, ist schwer zu sagen. Der Kapitalismus kommt auch mit Katastrophen gut zurecht, und das Wachstum kann sich nach Umweltkatastrophen, ausgehend von niedrigeren Produktionsniveaus, erholen.

32 Kevin Anderson u. Alice Bows-Larkin, »Avoiding Dangerous Climate Change Demands Degrowth Strategies from Wealthier Nations«, 2013, {kevinanderson.info}, letzter Zu-

griff 28.06.2021. Siehe auch Jason Hickel u. Giorgos Kallis, »Is Green Growth Possible?«, *New Political Economy* (2019), S. 1–18.

33 Robertson, *Malthusian Moment*, Kapitel 9.

34 Ted Nordhaus u. Michael Shellenberger, *Break Through: From the Death of Environmentalism to the Politics of Possibility*, Boston 2007.

35 Westackot, *Wisdom of Frugality*.

36 Siehe Erik Swyngedouw, »Apocalypse Forever?«, *Theory, Culture and Society*, 27 (2010), S. 213–232.

37 Mayhew, *Malthus*, Kapitel 7.

38 Harvey, »Population«, S. 273.

39 John Bellamy Foster, »The Scale of our Ecological Crisis«, *Monthly Review*, 49 (1998), S. 5–16.

40 Betsy Hartmann, *Reproductive Rights and Wrongs: The Global Politics of Population Control*, Boston 1995; dies., »Converging on Disaster: Climate Security and the Malthusian Anticipatory Regime for Africa«, *Geopolitics*, 19 (2014), S. 757–783; Michael Watts u. Nancy Lee Peluso, *Violent Environments*, Ithaca 2001.

41 Robertson, *Malthusian Moment*, Kapitel 9; Paul Ehrlich, Leo Bilderback u. Anne Ehrlich, *The Golden Door: International Migration, Mexico, and the United States*, Cambridge 1979.

42 Norgaard, »Metaphors we Might Survive by«.

43 William Nordhaus, »To Slow or Not to Slow: The Economics of the Greenhouse Effect«, *Economic Journal*, 101 (1991), S. 920–937.

44 Je höher der angenommene Abzinsungssatz ist, desto geringer erscheinen die zukünftigen Schäden durch den Klimawandel.

45 Siehe Global Footprint Network, {www.footprintnetwork.org/our-work/ecological-footprint/}, letzter Zugriff 23.06.2021.

46 Ebd.

47 Betsy Hartmann, »Shrinking Spaces, Resource Races«, Plenarvortrag, Konferenz über Ressourcenpolitik: Transforming Pathways to Sustainability, STEPS Conference 2015,

7. September 2015, Institute of Development Studies, Universität Sussex, England.

48 Will Steffen u. a., »Planetary Boundaries: Guiding Human Development on a Changing Planet«, *Science*, 347 (2015), S. 736.

49 Raworth, *Doughnut Economics.*

50 Gerechterweise sollte erwähnt werden, dass Rockström und Kollegen die planetarischen Grenzen im Hinblick auf die Erhaltung von Holozän-ähnlichen Bedingungen bestimmen, die sie als den Garten Eden der Menschheit bezeichnen, also als etwas zutiefst Erstrebenswertes. Doch dieser Wunsch ist nicht politisch; er ist ein Wunsch, der sich auf die Natur und die natürlichen Bedingungen des Holozäns verlagert – wer würde sich schließlich nicht einen Garten Eden wünschen? Indem er vorgibt, eine rein wissenschaftliche Aussage darüber zu tätigen, wie die Dinge »liegen« (wo die Grenzen des Holozäns verlaufen), verdrängt dieser Ansatz die wichtige Frage, in was für einer Gesellschaft wir leben wollen.

51 Per Espen Stoknes u. Johan Rockström, »Redefining Green Growth Within Planetary Boundaries«, *Energy Research and Social Science*, 44 (2018), S. 41–49.

52 William D. Nordhaus, »A Review of the Stern Review on the Economics of Climate Change«, *Journal of Economic Literature*, 45 (2007), 3, S. 686–702, hier S. 693.

53 Richard B. Norgaard, *Development Betrayed: The End of Progress and a Co-Evolutionary Revisioning of the Future*, Abingdon 2006; Giorgos Kallis u. Richard B. Norgaard, »Coevolutionary Ecological Economics«, *Ecological Economics*, 69 (2019), 4, S. 690–699.

54 Ich beziehe mich hier auf Steven Vogels *Thinking Like a Mall: Environmental Philosophy After the End of Nature*, Boston 2015, das wiederum auf die Formulierung »Denken wie ein Berg« anspielt, die Aldo Leopold in *Ein Jahr im Sand County* (Berlin 2019) geprägt hat.

55 Castoriadis, *Society Adrift*, S. 205.

4. Eine Kultur der Grenzen

1 Auf den Mythos und seine Bedeutung für die Frage der Grenzen bin ich von Professor Richard Seaford anlässlich eines Vortrags in Barcelona aufmerksam gemacht worden. Eine Version des Mythos findet sich unter: {http://classictales.educ.cam.ac.uk/stories/metamorphoses/erysichthon/explore/Erysichthon_transcript.pdf}, letzter Zugriff 23.06.2021.

2 Seaford, *Ancient Greece*, S. 6.

3 Ebd., S. 9.

4 Michel Foucault, *Sexualität und Wahrheit*, Bd. 2: *Der Gebrauch der Lüste*, Frankfurt am Main 1986.

5 Luigi Zoja, *Growth and Guilt: Psychology and the Limits of Development*, London 1995, S. 58.

6 Seaford, *Ancient Greece*, S. 4.

7 Richard Seaford, *Money and the Early Greek Mind*, Cambridge 2004.

8 Aristoteles, *Politik*, Hamburg 2012, S. 21–22.

9 Ebd., S. 24.

10 Karl Marx, *Ökonomisch-philosophische Manuskripte*, in ders., Friedrich Engels, *Werke* (MEW), Bd. 40, Berlin 1985, S. 465–588; Karl Marx u. Friedrich Engels, *Manifest der kommunistischen Partei*, in: dies., *Werke* (MEW), Bd. 4, Berlin 1990, S. 459–493.

11 Aristophanes, *Plutos*, Tübingen 1807, S. 24.

12 Seaford, *Money.*

13 Seaford, *Ancient Greece*, S. 5.

14 Ebd., S. 6.

15 Ebd., S. 8.

16 Zoja, *Growth and Guilt*, S. 56.

17 Cornelius Castoriadis, »The Greek and the Modern Political Imaginary«, *Salmagundi*, 100 (1993), S. 102–129, hier S. 112.

18 Castoriadis, »Greek and the Modern«, S. 112.

19 Zit. n. Sophie Klimis, »Tragedy«, in: Suzi Adams (Hg.), *Cornelius Castoriadis: Key Concepts*, London 2014, S. 205–221, hier S. 209.

20 Castoriadis, »Greek and the Modern«.
21 Zoja, *Growth and Guilt*, S. 39.
22 Castoriadis, *Society Adrift*, S. 196.
23 Robert Wallace, »Revolutions and a New Order in Solonian Athens and Archaic Greece«, in: Kurt A. Raaflaub, Josiah Ober u. Robert W. Wallace (Hg.), *Origins of Democracy in Ancient Greece*, Berkeley 2007, S. 49–82.
24 Zoja, *Growth and Guilt*.
25 Ebd., S. 47.
26 Ellen Wood, *Democracy Against Capitalism: Renewing Historical Materialism*, Cambridge 1995.
27 Siehe Karl Polanyi, *Hefeuresi tou emporiou: agora, chrima kai dimocratia stin archaia Ellada: apo tin klasiki Athina stin ellinistiki Alexandreia*, Athen 2017. Dieser nur in griechischer Sprache vorliegende Band versammelt Entwürfe und Notizen Karl Polanyis zum Handel im alten Griechenland. (Eine deutsche Ausgabe dieser Entwürfe und Notizen konnte nicht ermittelt werden. Vergleiche jedoch zum selben Themenkomplex: Karl Polanyi, »Ports of Trade in Early Societies«, *Journal of Economic History*, 23 (1963), S. 30–45; ders., *Primitive, Archaic and Modern Economies*, New York 1968; ders., »Traders and Trade«, in: Jeremy Arac Sabloff u. Carl C. Lamberg-Karlovsky (Hg.), *Ancient Civilization and Trade*, Albuquerque 1975, S. 133–154; ders., Conrad M. Arensberg u. Harry W. Pearson, *Trade and Market in the Early Empires*, New York 1957. Anm. d. Übers.)
28 Castoriadis, »Greek and the Modern«.
29 Ebd.
30 Foucault, *Gebrauch der Lüste*.
31 Seaford, *Money*, S. 166.
32 Foucault, *Gebrauch der Lüste*, S. 51.
33 Aristoteles, *Politik*, S. 21–22.
34 Ebd., S. 255.
35 Castoriadis, »Greek and the Modern«.
36 Foucault, *Gebrauch der Lüste*, S. 51.
37 Ebd., S. 71–72.

38 Ebd., S. 87.

39 Diogenes Laertios, *Leben und Lehre der Philosophen*, Leipzig 1998, S. 121.

40 Ebd., S. 127.

41 Ebd., S. 129.

42 Seaford, *Money*.

43 Seaford, *Ancient Greece*, S. 8.

44 Richard Seaford war so freundlich, auf meine Fragen zu Anaximander und Heraklit zu antworten.

45 Seaford, *Ancient Greece*, S. 8.

46 James Woodburn, »Egalitarian Societies«, *Man*, 1 (1982), S. 431–451; Marshall Sahlins, *Stone Age Economics*, Chicago 1972.

47 David Graeber, *Frei von Herrschaft. Fragmente einer anarchistischen Anthropologie*, Wuppertal 2008.

48 Cornelius Castoriadis, *I Elliniki idiaiterotita. 1, Apó ton ʻOmiro ston Irákleito : eminária 1982–1983*, Athen 2007.

49 Castoriadis, »Greek and the Modern«, S. 117.

50 Seaford, *Money*.

51 Cornelius Castoriadis, *I Elliniki idiaiterotita*, S. 158.

52 Ebd., S. 185.

53 Castoriadis, »Greek and the Modern«, S. 117–118.

54 Foucault, *Gebrauch der Lüste*, S. 136.

55 Ebd.

56 Sigmund Freud, *Das Unbehagen in der Kultur*, in: ders., *Gesammelte Werke*, Bd. 14, London 1948, S. 421–516. Ich danke Antonio Verdasca-Cardoso, der mich auf die Bedeutung von Freuds Buch für meine Argumentation aufmerksam gemacht hat.

57 Siehe Mayhew, *Malthus*, S. 153, zur Inspiration, die Freud von Malthus empfing, als er die Neurasthenie mit der Unterdrückung des Sexualtriebs, einer Voraussetzung für die Zivilisation, in Verbindung brachte.

58 Cornelius Castoriadis, *Durchs Labyrinth. Seele, Vernunft, Gesellschaft*, Frankfurt am Main 1983.

59 Castoriadis, »Greek and the Modern«, S. 119.

60 Susan Buck-Morss, »Sometimes to Progress Means to Stop,

to Pull the Emergency Brake«, Committee on Globalization and Social Change, Graduate Center of the City University of New York, {https://globalization.gc.cuny.edu/2012/01/susan-buck-morss-sometimes-to-progress-means-to-stop-to-pull-the-emergency-brake/}, letzter Zugriff 23.06.2021.

5. Die Begrenztheit von Grenzen

1 Allein im Jahr 2017 wurden 207 Umweltschützer getötet; siehe die Daten von *National Geographic*, {www.nationalgeographic.com/environment/2018/07/environmental-defenders-death-report/}, letzter Zugriff 23.06.2021. Die Weltkarte der Umweltungerechtigkeit hält die Konflikte und Gewalt gegen Umweltschützer fest; siehe {https://ejatlas.org/}, letzter Zugriff 23.06.2021.

2 Sam Pizzigati, *The Case for a Maximum Wage*, Cambridge 2018.

3 Thomas Piketty, *Das Kapital im 21. Jahrhundert*, München 2014.

4 Mary Mellor, *The Future of Money: From Financial Crisis to Public Resource*, London 2010.

5 Alf Honborg, *Nature, Society and Justice in the Anthropocene*, Cambridge 2019.

6 Juliet Schor, »Work-Sharing«, in: Giacomo D'Alisa, Federico Demaria u. Giorgos Kallis (Hg.), *Degrowth*, London 2014.

7 David Raventós, *Basic Income: The Material Conditions of Freedom*, London 2007.

8 Zu weiteren Einzelheiten siehe Kallis, *Degrowth*.

9 Siehe Ingrid Robeyns, »Having Too Much«, in: Knight u. M. Schwartzberg (Hg.), *NOMOS LVI: Wealth. Yearbook of the American Society for Political and Legal Philosophy*, New York 2016. Die Philosophin Ingrid Robeyns ist eine der Haupturheberinnen der »limitarischen Doktrin«, also der Position, dass es moralisch verwerflich ist, zu reich zu sein, und plädiert grundsätzlich für Grenzen des Reichtums. Ich

verwende den Begriff »Limitarismus« im Text in einem allgemeineren und weniger rigorosem Sinn als sie: Ich denke an eine grundsätzliche Befürwortung von Grenzen, nicht nur in Bezug auf Reichtum, sondern auch auf Macht und Ressourcennutzung.

10 Papst Franziskus, *Laudato si: Die Umwelt-Enzyklika des Papstes*, Freiburg im Breisgau 2015.

11 Eine Meinungsumfrage zum Thema Wachstum legt zum Beispiel nahe, dass 15 Prozent der Spanier für »Degrowth« sind; siehe Stefan Drews u. Jeroen van den Bergh, »Public Views on Economic Growth, the Environment and Prosperity: Results of a Questionnaire Survey«, *Global Environmental Change*, 39 (2016), S. 1–14.

12 Siehe Westackot, *Wisdom of Frugality*. Westackot untersucht, warum eine genügsame Lebensweise nie die vorherrschende geworden ist, obwohl die Weisen an verschiedenen Orten und zu verschiedenen Zeiten deren Vorteile betont haben.

13 André Gorz, »Political Ecology: Expertocracy Versus Self-Limitation«, *New Left Review*, 202 (1993), S. 55–67. Gorz erläutert, wie in England im Jahr 1910 strenge neue Vorschriften verfügten, dass Arbeitsplätze denen vorbehalten sein sollten, die Vollzeit arbeiteten, wodurch den Arbeitern die Freiheit genommen wurde, ihr Arbeitsvolumen zu begrenzen.

14 Richard Seaford, »Green Plato«, Rezension von: Melissa Lane, *Eco-Republic*, sowie W. Ophuls, »Plato's Revenge«, *Times Literary Supplement*, 11. Mai 2012.

15 Siehe Garrett Hardin, »Die Tragik der Allmende«, in: Michael Lohmann (Hg.), *Gefährdete Zukunft. Prognosen angloamerikanischer Wissenschaftler*, München 1970, S. 30–48. Hardins Aufsatz beginnt mit dem Bild einer für alle frei zugänglichen Weide, auf der jeder Hirte seine Kühe vermehrt, was nur zur Überweidung führt. Wie er in dem Artikel schreibt, kam Hardin die Idee für seine Fabel, als er auf dem Campus des University College Santa Barbara keinen Parkplatz mehr fand, nachdem man die Parkuhren ent-

fernt hatte. Hardin war ein Bewunderer von Malthus, und seine »Tragik« ist eine Nacherzählung von Malthus' Fabel über unbegrenztes Bevölkerungswachstum. Der Fehler in Hardins Modell ist derselbe wie in dem von Malthus: die Annahme grenzenloser Bedürfnisse, also die Annahme, dass Menschen, die sich der negativen Folgen einer unbegrenzten Verfolgung ihrer Interessen bewusst sind, diese Interessen dennoch weiterverfolgen werden. Stattdessen haben zahlreiche Forscher an real existierenden Gemeingütern gezeigt, dass in vielen (wenn auch sicher nicht allen) Fällen die Nutzer eines Gemeinguts miteinander kommunizieren und sich auf gegenseitig durchsetzbare Wege einigen, ihre Nutzung des Gemeinguts zu begrenzen. Siehe die Arbeit von Elinor Ostrom, Nobelpreisträgerin für Wirtschaftswissenschaften: *Governing the Commons*, Cambridge 2015.

16 Ostrom, *Governing the Commons*.

17 Gorz, »Political Ecology«.

18 Rebecca Wild, *Freiheit und Grenzen, Liebe und Respekt. Was Kinder von uns brauchen*, Weinheim 2003.

19 Franco Cassano, *Southern Thought and Other Essays on the Mediterranean*, New York 2012.

20 Castoriadis, *Society Adrift*, S. 205.

21 Ebd.

22 Polanyi argumentiert, Athen habe expandiert, um die Handelsrouten und den Getreidepreis zu kontrollieren. Getreide sei unerlässlich gewesen für die Ernährung jener bäuerlichen Bevölkerung, die ihre Felder verlassen hatte, um sich den Angelegenheiten der Polis zu widmen. So sei es zu Kolonialkriegen und schließlich zum Untergang von Athen gekommen.

23 Paul Virilio, *Geschwindigkeit und Politik*, Berlin 1980, S. 82–83.

24 Plutarch, »Agis«, in: Gottlob Benedict von Schirach (Hg.), *Biographien des Plutarch mit Anmerkungen*, Bd. 7, Berlin 1779, S. 155.

25 Ursula K. Le Guin, *Die Enteigneten*, Bellheim 2006.

26 Ich erläutere dies ausführlicher in einem Artikel über Le Guins Buch und ihre Auffassung von Grenzen und Knappheit; siehe Giorgos Kallis u. Hug March, »Imaginaries of Hope: The Utopianism of Degrowth«, *Annals of the Association of American Geographers*, 105 (2015), 2, S. 360–368.

27 Virilio, *Geschwindigkeit und Politik*, S. 83.

28 Siehe Giacomo D'Alisa, Giorgos Kallis u. Federico Demaria, »Von der Austerität zur Dépense«, in: Giacomo D'Alisa, Federico Demaria u. Giorgos Kallis (Hg.), *Degrowth: Handbuch für eine neue Ära*, München 2016.

29 Cassano, *Southern Thought*, S. 75.

30 Ebd., S. 75.

31 Siehe Onofrio Romano, »How to Rebuild Democracy, Rethinking Degrowth«, *Futures*, 44 (2012), 6, S. 582–589.

32 Cassano zitiert Cesare Muratti, einen italienischen Psychoanalytiker, der scherzte, die Psychoanalyse sei von Juden erfunden worden, um Angelsachsen zu überzeugen, wie Italiener zu leben; *Southern Thought*, S. 113.

33 Ich erläutere diese Ideen weiter in Kap. 2 von Kallis, *Degrowth*; außerdem in D'Alisa, Demaria u. Kallis, »From Austerity to Depénse«. Inspiriert hat mich Onofrio Romanos Arbeit über Georges Batailles Theorie der *Depénse*. Siehe Onofrio Romano, *Sociology of Knowledge in a Time of Crisis: Challenging the Phantom of Liberty*, Abingdon 2014, sowie Georges Bataille, *Der verfemte Teil*, Berlin 2021 (zuerst 1949).

34 Siehe beispielsweise Mary Gearey, »The Nowtopia of the Riverbank: Elder Environmental Activism«, *Environment and Planning E: Nature and Space*, 2 (2019), 3, S. 451–464.

35 Siehe Kallis, *Degrowth*.

36 Nordhaus u. Schellenberger, *Break Through*.

Epilog: Zur Verteidigung von Grenzen

1 IPCC Special Report on Global Warming of 1.5°C Approved by Governments: Summary for Policymakers, 8. Oktober 2018, {www.ipcc.ch/news_and_events/pr_181008_P48_spm.shtml}, letzter Zugriff 24.06.2021.

2 Joeri Rogelj u. a., »Paris Agreement Climate Proposals Need a Boost to Keep Warming Well Below 2 C«, *Nature*, 534 (2016), S. 631.

3 Marc O'Connell, »Why Silicon Valley Billionaires are Prepping for the Apocalypse in New Zealand«, *The Guardian*, 15. Februar 2018, {www.theguardian.com/news/2018/feb/15/why-silicon-valley-billionaires-are-prepping-for-the-apocalypse-in-new-zealand}, letzter Zugriff 24.06.2021.

4 Douglas Rushkoff, »How Tech's Richest Plan to Save Themselves after the Apocalypse«, *The Guardian*, 24. Juli 2018, {www.theguardian.com/technology/2018/jul/23/tech-industry-wealth-futurism-transhumanism-singularity}, letzter Zugriff 24.06.2021.

5 So die Übersetzung des Titels des Buches von Jorge Riechmann, *Gente que no quiere viajar a Marte.*

6 Siehe Papst Franziskus, *Laudato si.* Der Papst schreibt: »Wenn wir uns der Natur und der Umwelt ohne diese Offenheit für das Staunen und das Wunder nähern, wenn wir in unserer Beziehung zur Welt nicht mehr die Sprache der Brüderlichkeit und der Schönheit sprechen, wird unser Verhalten das des Herrschers, des Konsumenten oder des bloßen Ausbeuters der Ressourcen sein, der unfähig ist, seinen unmittelbaren Interessen eine Grenze zu setzen. Wenn wir uns hingegen allem, was existiert, innerlich verbunden fühlen, werden Genügsamkeit und Fürsorge von selbst aufkommen.« Und weiter: »Wenn diese Fragen aufgeworfen werden, reagieren einige mit der Anschuldigung, man wolle gegen alle Vernunft den Fortschritt und die menschliche Entwicklung aufhalten. Wir müssen uns jedoch davon überzeugen, dass die Verlangsamung eines gewissen Rhythmus von Pro-

duktion und Konsum Anlass zu einer anderen Art von Fortschritt und Entwicklung geben kann.«

7 Siehe David Bollier u. Sielke Helfrich, *The Wealth of the Commons: A World Beyond Market and State*, Amherst 2014; David Bollier u. Sielke Helfrich, *Patterns of Commoning*, Amherst 2015.

Erste Auflage Berlin 2021

Göhrener Str. 7 | 10437 Berlin
info@matthes-seitz-berlin.de

Layout und Satz: psb, Berlin
Druck und Bindung: GGP Media GmbH, Pößneck
Printed in Germany

ISBN 978-3-7518-0336-6